阅读成就思想……

Read to Achieve

白金珍藏版

# SPEAK TO WIN

How to Present with Power in Any Situation

# 博恩·崔西口才圣经

## 如何在任何场合说服任何人

[美]博恩·崔西/著　鲁心茵/译

BRIAN TRACY

中国人民大学出版社
·北京·

Speak
to
Win

# 致 谢

谨以此书献给我挚爱的妻子——芭芭拉。多年来我在世界各地巡回演讲，她始终在我身边陪伴和支持。她是我忠诚的朋友和体贴的伙伴，也是一位优秀的母亲。没有她，我或将一事无成；有了她的支持，则一切皆有可能。

Speak to Win

# 推荐序一

董关鹏
资深公共关系学者、中国公共关系协会副会长、常务理事
中国传媒大学教授、博士生导师、媒介与公共事务研究院院长

收到本书译稿，得知又一部关于演讲的优秀图书即将与读者见面，甚是喜悦。演讲与口才类图书一直是最受欢迎的图书品类之一，其中不乏精品，但数目繁多往往就显良莠不齐。《博恩·崔西口才圣经》一书的中文版发行，可谓中国读者们，尤其是演讲爱好者们的喜事。该书英文版作者博恩·崔西有 4000 多场演讲经历，并曾获得美国演讲家的最高荣誉。他以个人经验成书，书中都是对演讲爱好者们极有价值的建议。该书译者多年从事公共关系研究与实践，参与过许多国家重大传播工作，并曾在世界 500 强企业及多家国际知名公关、广告公司任职，深谙演讲之道。全书译文读来亲切流畅，意思精准，关键字句也很精道。

人类演讲在古希腊和古罗马时代即已达到登峰造极的水平。在当时，演讲是社会政治斗争的重要武器，许多著名的演讲都传诵至今。中国古代的

大思想家、教育家孔子周游列国十多年，也是以演讲形式不断沟通说服，才使儒家思想广为人知，至今在整个华人世界乃至更大范围仍发挥着作用。今天的中国经济发展、文化繁荣。中国发展的经验为世界各国关注，中华文化的精髓也应向世界传播才能不断焕发新的活力。如何向世界讲述中国故事，古圣先贤们以演讲传播思想文化，今人也可以从演讲起步，在实践中逐步体悟传播的要义，才能由浅入深、由小及大、由入门到精通。

演讲是最直接的沟通形式。多数情况下，人们说到“演讲”联想的都是一人在台上面对台下很多听众的场景，许多演讲与口才类书籍也是侧重此类公众演讲的方法与技巧。但演讲其实也可以是一种小范围的沟通与交流。许多人在面对面交流时不会处理听众质疑、不善控制个人情绪，并由此导致沟通失败。此类问题最常见的就是医患矛盾，由此引发的患者投诉甚多，因沟通失败导致的医患纠纷恶性事件更是令人痛心。《博恩·崔西口才圣经》一书在这方面弥补了同类书籍的不足。小组演示、日常谈判以及小型商务会议讲话该如何准备，本书都给出了许多有价值的经验和建议，这也使本书更实用、实际。

演讲可以说是最基本的传播活动，也是日常生活中常见的传播形式之一。我在高校工作多年，对演讲的重要性也有深刻的认识。无论是在讲台上授业解惑，还是在各种会议上分享成果、讨论工作，演讲都是必备的技能。在工作中，好的计划和设想同样需要通过演讲与人沟通，征求建议、获得认可、争取支持。演讲的说服功能几乎使它成为最为重要的团队生存技能之一。特别是一些世界500强、知名企业都将良好的沟通技巧作为应聘者的必备条件。演讲这项技艺也因此受到许多刚刚步入社会的年轻人的青睐。而演讲之中蕴涵的传播思维和方法更可为许多复杂形式的传播活动所借鉴。年轻人如能尽早学习演讲技能，在日常沟通和演讲中不断体会、反复练习，即可透过演讲了解传播，不但精通人与人面对面的沟通，更可对其他信息沟通与传播形式有所掌握，在工作中成为善于沟通的赢家。这也是我尤为推荐此书的原因。

Speak to Win

# 推荐序二

有书 CEO，雷文涛

口才好的人总是广受羡慕，他们总能引起他人的注意，成为每个场合的中心，快速赢得关注和机会；他们总能敏锐思考，清晰表达自己的思想，轻松说服他人赢得支持。

很多人会有几次鼓起勇气在公开场合讲话的经历，但被别人笑话后便不敢再尝试了。他们认定演讲能力是一种特殊的天赋，自己不是这样的人，开始习惯一个人默默地坐在台下倾听。

我们总以为像苹果创始人乔布斯和特斯拉创始人埃隆·马斯克这样的人，他们的演讲精彩绝伦，是因为他们拥有特殊的天赋。其实并非如此，尽管他们有无数次演讲的经验累积，依然会提前至少一个月不断地修改脚本，打磨每一句话，不断彩排，才能把近乎完美的发布会演讲呈现在我们眼前。

事实上，演讲好绝不是天生就注定的，消除对演讲的恐惧，大量地重复练习，再加上在每次重大场合前做好充分的准备，每个人都可以具备良好的演讲能力。

这本《博恩·崔西口才圣经》用具体的方法、真实的案例，把以上三点的核心，全盘展示出来。它不仅介绍了演讲的基础方法论，还教会读者如何高效地沟通，如何有意识地影响他人。

Speak to Win

前言

# 演讲制胜

命运会因想法而改变。当习惯思维因梦想而变，我们也将获得自己向往的人生，从事自己期望的事业。

奥里森·斯威特·马顿（Orison Swett Marden）

面对听众演说的能力是你成功的根本。成功的演讲能够为你赢得他人的尊重和敬意，使你在公司的价值得到提升。演讲能够帮你引起他人的注意，而这些人能够帮助你，为你开启机会之门。通常来说，演讲能力强的人比那些不善演讲的人更具天赋、更有智慧。

人的核心价值是什么？是人的思想。你所拥有的最为珍贵的技能就是敏锐思考和清晰表达的能力。这种技能可以帮助你赢得更多，更快获得升职，使你的天赋才能尽可能多地被开发出来。要展示你对某一事物的熟练和精通，最好的办法就是大声地讲出你的想法和观点，或者以文字形式把它们清晰地表达出来。只要你能讲得清楚，人们就会说："他是真得懂，他明白自己在讲什么。"

对你来说，好消息是你的思想就像肌肉，多使用、多锻炼就会使它变得更加强壮有力。事先组织好你的想法和语言，会让你显得更加敏锐，对自己所表达之事知其然，还要知其所以然。从计划、准备，到最终发表演讲并配合演示，这一系列活动都会迫使你积极思考、充分动脑。这一过程确实会让你变得更加聪明。

## 消除恐惧，加速启动你的事业

多年以前，我曾经参加过一个为期一天有关行政管理有效性的研讨会。当时的发言里，我强调了"能说"和"能产生影响"在商业领域的重要性。

在活动最后，一位略显害羞的公司职员走过来对我说，他厌倦了被主管领导忽视、总是错过升职机会的日子，决定从此开始学习，要成为一名出色的演讲者。这也是对我当天演讲的肯定。

一年以后，我收到了这位先生的来信，信中讲述了他的故事。那次以后，他下定决心，并很快采取行动。他报名了 Toastmasters 演讲协会①在当地的分会，每周参加活动。活动要求每位成员依题目起立讲话，并在会后相应打分。

Toastmasters 演讲协会采用的是"循序脱敏"疗法。如果你多次重复做一件事，最终就不会对它有过敏式反应了。当你多次面对大家演讲后，你也能够把各种害怕和顾虑都彻底抛掉。

①Toastmasters 是成立于 1924 年的非营利事业组织，于全球 136 个国家拥有超过 1.6 万个会员组织。其成立的原因在于帮助他人如何演讲、倾听与思考，培养学员领导、表达能力的国际性组织。——译者注

他还参加了一门戴尔·卡耐基的 14 周课程。每次上课，每个学员都要站到同学们面前发表讲话。6 个月下来，他在同学朋友中做了许多次演讲，这些演讲或长或短，将他对于演讲表达的各种害怕、焦虑一扫而光。就这样，他面对公众进行自我表达的信心也不断增强了。

## 成功之门始终为你敞开

正值此时，这位先生的工程公司遇到了点紧急情况。原计划是公司的一位合伙人要去给客户的团队做一次讲解演示，但是这位合伙人突然生病不能出席。于是老板就问这位先生，是否能准备一下，代替合伙人去介绍公司的方案。他接受了这项任务。

当天晚上和次日上午，这位先生都在为此事认真地做准备。他胸有成竹地来到客户的公司，详细介绍了己方的服务项目，他不但完成了一次出色的演讲展示，也从客户公司赢得了生意订单。当他回到办公室时，老板告诉他，对方公司的总经理还特意致电感谢他的出色演讲，并对他们公司服务项目的情况非常认可。

仅仅几周之内，这位先生就被委任负责对现有的和潜在的客户做经常性拜访。他不但得到升职，而且越升越高，很快就成为了高级管理人员，并且有望被晋升为公司的合伙人。他告诉我，因为做出了那个决定——成为一名出色的演讲者，并为此付出了努力，他的整个人生都发生了改变。

## 相信自己，强大内心

成为一名优秀的大众演讲者，对你的职业生涯的每个阶段都会有所裨益。更重要的是，通过学习，你将更善于面对公众进行表达。心理学家告诉我们，人们自我信任和尊重的程度，或者说“你对自己的热爱度”会在很大程度上决定你的内在和外在生活品质。

你的演讲说服力越强，你越热爱自己。只有热爱自己，你才会更加乐观和自信，在人际关系中也会更加积极出众，你的生活的方方面面都会更加健康、快乐和阳光。

## 提升自我形象

当你掌握了用语言来达成效果的方法后，你的个人形象也会得到提升。自我形象是你的一面“内在的镜子”。它是你在事情到来之前和事件进行过程中自我观察、自我反思的一种方式。个人的形象积极，你会表现得更有能力。在事情尚未发生之前，努力把你的实力和能力展现出来，这将有助于提升你的表现。

人的思想、感情，特别是他人对自己的尊重，我们都非常容易感知察觉。萨默塞特·毛姆（Somerset Maugham）曾经写道：“我们生活中做过的每件事都是为了赢得他人的尊敬，或者至少是不要失去人们的尊重。”因此，当你能够出色地演讲表达时，你的受众也会更加热爱和尊敬你。这也会让你对自己的热爱和尊重随之增加。当你的出色演讲从受众那里获得积极的反馈时，你的个人形象也将得到提升，会以更加积极进取的方式来看待和思考自己。你将感受到一种强大的个人力量，你的一言一行、一举一动都将充满自信。

## 优秀的表达能力可以习得

大众演讲是可以通过学习获得的技能，这也许是最好不过的消息了。即使是实力雄厚的演讲者，也曾对忏悔亭中沉默的祈祷者感到束手无策；即使是充满自信、面对大众滔滔不绝的人，也曾因面对公众演讲而感到害怕恐惧。多数人都是如此。

你的目标应该是成为一名出色的传播者，做最优秀的 10%。你应该不断提醒自己，今天最优秀的 10% 的人才，几乎每一个都是从最落后的 10% 开始起步的。如今做得好的人曾经也有过糟糕的表现。正如哈维·艾克（Harv Eker）曾经说过的，“每一位大师曾经都只是一只菜鸟”。

你大概听说过“熟能生巧”，实践成就完美。有些人甚至更进一步，认为完美的实践才能成就完美的表现。然而，事实的真相是有缺憾的实践才是通往成功的必由之路。

在学习面对公众从容表达、掌握演讲艺术的过程中，你可能会紧张焦虑、不知所措，也会说错话，甚至忘记演讲词，还可能口齿不清、讲话磕磕绊绊，拿不准自己是对是错。总之，各种大大小小的问题都有可能遇到。

## 走出你的舒适区

但是，为了在所有领域都能表现完美，你必须有强烈的自我意愿，走出你的舒适区，向自己发起挑战。你希望自己的能力提升到更高的水平，就必须接受成长过程中自己笨拙、糟糕的表现。

你或许还记得古希腊著名演说家德摩斯梯尼（Demosthenes）的故事。他是古代最优秀的演说家之一。但在最开始，他也紧张、害羞，说起话来口吃结巴，饱受困扰。他决心成为一名优秀的演说家，为了克服重重困难，他把小卵石放在嘴里，对着大海练习说话，每天都要练上几个小时。一段时间过后，他就克服了说话结巴口吃的毛病，声音也变得洪亮、有力，听起来更为自信。最终，他成了历史上最伟大的一位演说家。

如果你还是一位演讲初学者，这本书能够告诉你如何加速进步，尽快获得演讲的能力，学会自信而清晰地表达。如果你已经是一位经验丰富的演讲者，这本书也可以传授给你一些最有效的演讲技术、技巧，以及商业、政治和日常生活中成为优秀演说家的方法。

## 完美演讲有 4D

其实，要成为一名杰出的演讲者，你只需要简单做到以下这四项。

- 愿望（Desire）。首先，你必须对“善表达”有热情、有燃烧的渴望。如果你的愿望足够强烈，你渴望持久掌握演讲的核心能力，那就没有什么能阻止你达成自己的目标。但是，只有愿望是不够的。
- 决断（Decision）。你必须有所决断，每天付出努力，克服障碍，认真做好每一件能够成就你的完美表现的小事。
- 约束（Discipline）。你必须能够自我约束，从计划、准备到演讲、演示，反复练习，直至彻底掌握，这其中没有捷径，只有艰苦努力才能练成精湛技艺。
- 决心（Determination）。你还要有坚定的决心，面对当下你所经历的任何挫折、阻碍或困境，都能够坚持不懈，毫不动摇。

## 唯一的局限

对自身的怀疑和恐惧永远是人类最危险的敌人。人的潜能是无限的。只要你不给自己设定边界，那么在你能做什么事、成为怎样的人、拥有多大的成就方面，没有人能给你设限。

过去许多年里，我曾做过 4 000 多场演讲，对 46 个国家的 500 多万人次进行了面授。在这本书开头的几页里，我将手把手一步步教会你怎样锻炼勇气和自信，培养自己拥有在任意场合都能成功演说的雄厚实力。

Speak to Win

# 目 录

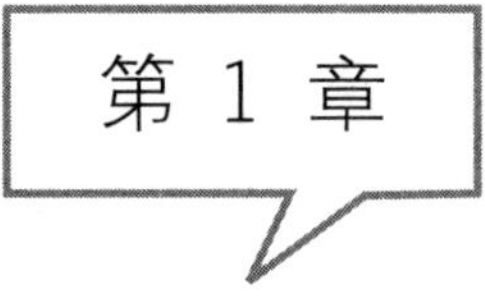

第 1 章

# 说话的艺术

让一切演说的努力都服务于实践的效果，他从不会为了说而说。

亚伯拉罕·林肯，亨利·克莱的悼词

纵观历史，人类发挥自身作用的顶级水平依赖于人类说服他人的能力。因此，大众演讲的目的也是要触发某种具体行动，如果没有演讲者的语言促动，这种行为根本不会发生。例如，当德摩斯梯尼演讲时，人们会说："他是多棒的演说家呀！"但是当亚西比德（Alcibiades）演讲时，人们又会说："让我们向前进！"

作为一名演讲者，你的工作就是促动和鼓励你的听众以一种不同的方式去思考、感知和行动。你的语言要得到的结果，就是要让人们采取某种特定的行动，比如，激发他们"前进！"

幸运的是，想成为一名大师级的演讲者和商业传播者，你可以通过学习掌握技巧。如果你能学开车、学打字，或是学打电话，你就能成为一名有影响力的演说家，不但改变自己的人生，而且还能改变你的听众的生活。

## 说服的三要素

亚里士多德是首位承认修辞是领袖人物重要的必备工具的主流哲学家。他把说服的基本要素划分为三个部分：理性、品格、情感。我们将逐一介绍这三个部分。

**理性**是指你的论证的逻辑、语言和支持性理由。让你所说的一切能够相互统一、像链条或拼图玩具那样彼此关联，从而形成一段内在连贯的表述或论证，这一点十分重要。当你从头至尾认真思考，并策划一场演说时，你要将各种观点组织到一起，每个独立的小观点都建立在之前观点的基础上，形成一个由普遍到特殊、由初始到结论的序列，并形成一套说服性的论证。

说服的第二个方面就是**品格**。它是指你的性格、品德，以及你讲话时的可信度。在开口之前和讲话的过程中提升受众对你的信任感，也就增加了你的说服力，使听众更易于接受你的观点，并根据你的建议采取行动。

说服的第三个方面是**情感**。这是你在论证中体现出的情感内容，或许也是最重要的元素。只有当你与听众心意相通、情感相连，从能够激励他们的最根本的层面去推动，才能让他们转变思想或采取某种特定的行动。

这就是说服的三要素：理性、品格和情感。如果你想发动听众、说服他们接受并跟从你的观点，就必须将以上三个要素综合运用，让三者相互促进、共同作用。

# 信息构成的三部分

多年前，加州大学洛杉矶分校的阿尔伯特·梅拉宾（Albert Mehrabian）就传播的有效性进行过一系列研究。他得出的结论是，任何语言表达的信息都包含三个部分：话语、音调和讲话者的身体语言。

## 话语

令人吃惊的是，根据梅拉宾的研究，单靠话语只能传递约 7% 的信息。当然，你采用何种话语仍然非常重要，必须慎重选择。各种词句必须按照一定序列合理组织安排，并确保语法正确。但是每个人都听过那种枯燥无味、学术范十足的演讲，遣词造句虽然深刻，但信息本身非常平庸，因为单靠话语是远远不够的。

## 音调

梅拉宾归纳出的传播信息第二元素就是音调。根据他的计算，信息中约 38% 的内容依靠讲话者的声调和重音。

以“我非常爱你”这句话为例，把重音放在任意一个词语上，或是把陈述句变成疑问句，就能改变整个句子的含义。试一试。用音调转换表现陈述或提问，留意究竟怎样通过强调某个词语而彻底改变句子的含义。

每个男人在其一生中都有过因为一点小事跟女人争辩的经历。因为男人更倾向于把语言当作工具，而女人则认为语言是用来获取别人理解和与人建立关系的。在倾听别人讲话时，男女各有不同的方式。举例来说，女人会因为男人说的某些话生气、受伤，而男人会告诉你，“我只是说了这个……”

于是女人气呼呼地说：“不是因为你说了什么，而是因为你说话的方式。”

只要细心调整你说话的语调并充分意识到它的重要性，你就能让信息本身和随之对听众产生的影响都变得不同。

## 肢体

梅拉宾还发现另有 55% 的信息是通过说话者的肢体语言传递的，因为从眼到脑的神经丰富，约为从耳到脑神经总数的 22 倍之多。

正是因为如此，人类的视觉印象非常强大。

## 了解你的讲话风格

优秀的传播者总是会留意他们的肢体语言在信息接受层面取得的实际效果。

当你的手臂放松垂在身体两侧，手掌心向内或是向外，演讲时面带微笑直视听众，此时听众也会精神放松，像海绵吸水一样吸收你的讲话信息。如果你满脸严肃、不苟言笑，双手合抱在胸前或是紧扣讲台，那么听众的反应也会像是孩子正面对家长的愤怒和指责一样。他们会把自己封闭起来，变得更具防御性，排斥你所说的信息。你想要劝说他们以某种特定的方式思考和行动的意图，自然也会受到排斥。因此，肢体语言也非常重要！

我做过很多演讲、见识过很多听众，所以有许多演讲者不断向我询问对他们的讲话或发言如何评价。我总是不太想给出批评的反馈意见，因为人们对不够积极亮眼的评语通常会超级敏感。尽管如此，在评价别人时，我经常会说的一句话就是：“放慢一点速度，适当暂停，在观点和句子之间注意用微笑加以间隔。”这句话使用的频次简直让人吃惊。

同样令人吃惊的是，很多演讲者接受了这一建议，并开始注意到这种方式给听众的反馈带来了立竿见影的积极改变。当你放慢速度时，你的语言可以更清楚，你的表达也会更加清楚、明确和有力；你讲话的语调也变得动听，更令人愉悦。当你在微笑时，你向四周释放的是温暖、友善和接纳。

这使听众也能放松身心，对你讲话的内容也将抱有更加开放的态度。这些情况，我们在第 8 章中还将详细介绍。

## 简单结构、简短发言

设计任何讲话都可采用一种简单的三段结构。你可以使用这个模式准备一分钟的发言，也可以用它来筹划一段 30 分钟的讲话。

### 第一部分

第一部分是开场白。你可以向听众简单介绍你的演讲是关于哪方面内容的。例如，你可以说："感谢您的光临。在接下来的几分钟里，我将与各位谈谈当今我们的行业正面临的 3 个问题，以及如何解决这些问题，化问题为优势，在未来的几个月中我们能采取哪些行动。"

这个开场白能起到稳定场面、预热的作用，也为你的演讲设定了一个可遵循的轨道。

### 第二部分

第二部分就是要将开场白中介绍到的内容向听众详细展开。这部分可以由一个、两个或三个分论点组成。如果是简短的讲话，可以只包含三个要点，要点之间要有一定的逻辑顺序。例如，你可以说："我们正面临不断加剧的竞争，利益空间不断缩小，客户口味也不断变化。让我们按顺序逐个分析一下这三个'不断'，看看有什么替代的办法可以有效解决问题。"

### 第三部分

演讲的第三部分是对你向受众讲述的内容进行总结。永远不要指望通过一次演讲就能让听众记住你所说的每一件事。回顾、总结、重复，这对听众非常有帮助，也会很受欢迎。举个例子，你可以说：

> 总结起来，应对不断加剧的竞争形势，我们必须改进我们的产品质量，提升将产品送达客户的速度。应对市场收缩的问题，我们必须拓展新的市场领域，增加产品种类，从而吸引新的客源。我们应该应对客户口味的变化，针对当今的客户需求开发和营销我们的产品及服务，而不是按照已经过时的客户需求办事。综合以上这三个目标做出承诺，我们不但可以继续生存下去，还能够在未来的激烈竞争中更加繁荣昌盛。谢谢大家。

## 一项重要工作

佩吉·努南( Peggy Noonan )是罗纳德·里根的演说词作者。他曾经说过，“每一次演讲都必做一件重要工作”。

在演讲开始之前，你必做的最重要的事情之一，就是要对演讲的目的心中有数。一定要明确你希望通过自己的演讲达成怎样的结果。你要问自己这样一个问题：如果听众在听完我的演讲之后接受采访，被问到“你从这次演讲中得到哪些收获？你打算做哪些与以往不同的事”，我希望这位听众怎样回答？这个问题也被我称为“目标问题”。从开场白到演讲的主体部分，再到结束语，你的演讲中的所有信息都应该是朝向同一个目标。

当我与企业客户一起工作时，我向他们提出了这个“目标问题”，又问他们为什么要请我做演讲，他们期望我的讲话达成怎样的目标、对听众产生怎样的影响。我们就此进行讨论，并在“我们希望听众在演讲或会议之后有怎样的思考、感受和行动”这一问题上取得了完全一致的意见。一旦我们双方都清楚了这个问题的答案，我就开始设计我的讲话和发言，从开场白到结束语，确保每个段落都服务于最终目标的实现。你也可以做到这一点。

# 长篇演说的复杂结构

在设计长篇演说的时候,你可以采用一种复杂的结构。它包括 8 个部分,接下来我会对每个部分做详细介绍。

- 开场白。开场白的目的是唤起听众注意，让听众对演讲有所期待，并把听众思维拉到演讲者的身上。如果没人听你讲话或是他们没有集中精力去听，那么你的演讲就毫无意义。
- 介绍。在这部分,你可以告诉听众接下来的内容是什么,以及它们的重要性。
- 第一要点。从这里开始，你的演讲就转入主体部分。你的第一个要点将设定整场演讲的态势，并开始逐步实现你的既定目标。
- 开始下一个要点前的过渡段。演讲中当你已经讲完第一个要点，准备进入下一个要点时,这个转变必须让听众也明确意识到。这就是演讲内外的艺术。
- 第二要点。这个要点应与第一要点在逻辑上一脉相承，相互关联。
- 第二过渡段。这里主要是明确你的演讲将进入下一个子题。
- 第三要点。应与前两个要点自然贯通，并为结束讲话进行铺垫。
- 总结。这是你演讲的结论和号召行动的部分。

在第 2 章里，你将学习怎样组织和撰写讲话稿才能按照合理的顺序逐一实现上述目标。

学习富于影响力的语言表达，除了进行练习，特别是大声讲话练习，没有其他替代的方法。多年以来，我观察过数百场演讲和发言，演讲者有的是业余爱好者，有的是职业演说家，可以确定的是他们事先都有充分的准备，做了完整而彻底的练习。

## 有力度、有风度地讲话

阿尔伯特·哈伯德（Elbert Hubbard）是一位受欢迎的作家。他曾经被问到怎样才能成为一名作家。他的回答是:“学习写作唯一的方法就是写，写，写，再写，继续写，继续写，不断写。”

同样,要精通演讲的艺术,唯一的学习方法也是说,说,说,再说,继续说,继续说,不断说。学习说话与学习任何其他技能一样,要不断实践、重复练习,直到你熟练掌握了沟通和说服的能力。

改进说话风格、提升演讲能力的最好方法之一，就是大声背诵诗歌。把你喜欢的诗行、有故事的诗歌和美妙的诗句记下来，然后一遍一遍地背诵。每一次大声背诵诗歌都要全情投入，把你的精力和热情融入到你的声音中去。对不同的词语采用变化的节奏、声调和重音。想象这是一部能够决定你星途的大制作电影，而你正在为竞争其中的重要角色试镜。认真背诵诗歌，就好像每一句诗行都有极为重要的意义，这样你才可能与听众之间产生热情似火的情感联系。

读到一些好的诗歌时，你不仅要学习如何写出这样美妙的诗句，还要思考如何才能用更多不同的词汇更有效地表达你的观点。这里有一种规律，那就是：虽然人们会忘记你说了什么，但是会记得你是怎么说的。当你把重音从一个单词转向另一个单词、从一个句子改到另一个句子，你开发的是一种近似音乐式表达的说话能力，这让听众们可以更好地获取和理解你讲话中的信息。

另一种伟大的训练方式就是阅读莎士比亚原著，特别是那些著名的人物独白，从哈姆雷特到麦克白，从尤利西斯·凯撒再到罗密欧、朱丽叶。当你能够读出这些精彩的独白和内心挣扎，你也拓展了自己驾驭语言、运用修辞和说服的能力。

## 向经验丰富的演讲者学习

要想成为一名更好的演讲者，一种最好的方法就是尽可能多听其他演讲者的讲话，做好笔记，观察他们的一言一行、举手投足。观察一位经验丰富的演讲者怎样开始他的讲话，又怎样过渡到演讲内容的主体部分；观察他怎样运用例证、图解和幽默故事；还要留心他怎样为演讲收尾，以及如何结束与听众共度的这段时间。

把你想留心观察的各项内容写成一份清单，从开始到结束的每个环节都用十分制对演讲者的表现进行评分。思考演讲者是如何做好每一个环节的，还要想想如果换成是你能否做得更好。

多听几场最好的演讲。很多好的演讲都能找到录音。反复收听，留心演讲者如何运用理性、品格和情感这三项要素来说服听众采取不同的方式思考、感受和有所行动。

**演讲小秘籍**

关于传播，最精彩之处莫过于只要你做了，就不可能比没做变得更糟。要掌握说话和修辞的艺术，你必须对长达数月，甚至数年的反复学习和练习有充分的准备。演讲制胜绝无捷径可循。

准备工作也非常重要。务必记住这一点，它是区分平庸与杰出的标尺。所以，为了你的目标和你的听众，请多花时间理顺你的逻辑，斟酌你的词句。还要练习。你记忆并背诵的每一行新的诗句、大声背诵出的每一段戏剧独白，还有你认真观察学习和评分的每一位演讲者，他们都将使你的能力得到提升，帮助你成为一名优秀的演讲者。进步绝无止境。

# 第 2 章

# 周密筹备，轻松演讲

一个人真正的价值是通过他所追求的目标来衡量的。

马可·奥里利乌斯

作为一名演讲者，你的成功足有 90% 取决于对演讲的计划工作做得如何。

欧内斯特·海明威曾经写道：“你每写一个词，背后都必须要掌握十个词，否则读者就会知道这不是事实。”而在演讲中，你每说一个词语，背后都必须阅读和琢磨 100 个词才行，否则听众就会发现你掏空了自己的脑袋。除非你不仅仅是准备充分，而是准备得超级充分，否则听众会立刻知道你在演讲主题的相关领域内缺乏知识深度。

面对聪明、敏锐的听众，准备不足会使你的可信度，即你演讲的理性要素，自动降级。如果你毫无准备，情况还会更糟；如果你对听众说“我不是这方面的专家”，他们可能会立即屏蔽你的演讲信息，无论内容是否有益。

另一方面，出色的准备工作能够让人一目了然，也会增加你的可信度。准备工作充分能给你的听众留下深刻的印象，让听众抱着更加开放的态度接收你的演讲信息。

## 从听众的人口统计特征和性格分析入手

演讲准备的起点是听众。切记，不是你自己，而是听众。

假设你是一位市场分析员，正打算全面了解你的客户群，你会问：他们是怎样的人？受众中都有哪些人？对一场说服效果显著的演讲，这也是个关键问题。你可以参考一些人口统计的具体项目来帮助了解听众情况，筹划你的演讲。

### 年龄和年龄段

你的听众年龄多大？听众群体的年龄段怎样？年轻人与年长者在对事物的理解、文化知识和背景等方面都不同。因此，了解听众的年龄情况十分重要。

### 性别

你的听众性别构成是怎样的？有时候我的听众男女比例是 50∶50，也有时候是 95% 都为男士，或 95% 都为女士。性别构成也会影响你对演讲的评论和观点的设计。

### 收入

听众的收入情况如何？他们的平均收入是多少？从最低到最高，收入范围又是怎样的？特别是他们怎样赚取收入？他们的收入会受到哪些因素的影响？当你的演讲涉及金钱和收入的相关话题时，掌握这些情况可以让你以一种听众更容易接受的方式触及这类敏感内容。

### 教育

听众的教育背景又如何？他们是高中毕业还是大学毕业？他们获得了文科还是工程学学位？了解听众的受教育情况和类型，能帮助你在准备演讲时选择适合听众的事例、图解以及语言词汇。

### 职业

听众从事何种职业？他们在各自的专业领域内工作了多长时间？他们的专业领域里目前有哪些最新情况？他们的工作现在是处于巅峰期还是低谷？

### 家庭状况

听众的家庭状况怎样？他们是已经结婚，还是单身？离婚，还是丧偶？听众中的多数人已经结婚，还是多数人仍然未婚？听众是否都有孩子了？这些都是你该事先了解的基本事实。

### 听众对演讲主题的熟悉程度

听众对你的演讲主题是否熟悉？了解多少？你想讲的内容有多少是他们已经知道的？他们是初学者，还是已经颇为熟悉情况的老手？这些将决定你的演讲内容是复杂还是简单。

### 他们想些什么

想要了解分析你的听众的想法，可以问他们几个问题：

- 听众的目标和期望是什么？

- 关于你的演讲题目，听众最希望的和惧怕的是什么?
- 听众有哪些需求是你通过演讲的想法和评论可以帮助他们实现的?
- 什么是你的听众最看重和信赖的?
- 听众的政治倾向是怎样的?
- 听众有怎样的宗教情感和义务?
- 听众有哪些担心、顾虑或难题?

了解听众赋予演讲的情感环境，对于你和听众之间的沟通联系会非常有帮助。事先向会议组织者提出这些问题、研究他们的网站和出版物，这些都能帮你获得你所需要的答案。

## 共同愿望

还有一项非常重要，就是了解你的听众有哪些共同的梦想、目标或愿望。我曾为很多销售代表、企业家、生意人和互联网营销人士做演讲。他们的共同特征就是都想要获得财务上的成功。因此，我讲话时每一点都会关联到如何运用某个主意、想法帮助提升他们的收入和利润。采用这种方式的结果就是，我的听众都探身向前、专注听讲，想把我说的每一个字都刻在脑海里，甚至还会站起身来为我鼓掌喝彩。这些你也可以做到。

## 当下的经历

我曾经为某个依靠全国的零售商和分销商进行产品销售的大型国营公司做演讲。我的演讲正好被安排在公司高管的主旨发言之后。他在发言中宣布，这家公司将在30天后开始直销业务，直接向顾客销售产品，而且面向顾客直销的价格实际上与公司销售人员的拿货价是一样的。差别在于如果顾客从工厂直接购买，相当于正常付给销售人员的奖励佣金在顾客购买之后会返回给顾客。

你可以想象，听众中的销售人员立时陷入了一阵惊慌中。他们全部的生活和收入都依赖于通过分销网络赚取的销售佣金。现在，由于公司政策的改变，分销网络可以以同样的价格直接从公司购买产品，或是在购买之后再获得返回的佣金。有的销售人员气得甚至把自己的座椅都踢了出去。

这家公司此时安排我出场演讲，并向我支付费用，就是要我鼓励销售员们走出去，即使他们的主要收入来源被严重削弱，仍然要在任何情况下都能够努力工作。我还没忘记先探头看看听众的情况。他们看起来震惊、疑惑，无法相信这一事实。他们看着我，就好像我是他们的敌人，是公司派来安抚他们、平复公司刚刚的所作所为给他们的经济来源带来的严重伤害。因为我了解这里发生的一切，至少事先有所准备，知道该如何面对毫无反应、永远持批判态度的听众开始我的讲话。花些时间了解公司或听众近期的情况和正在发生的变化也是非常必要的。

## 做好准备功课

当你对来自特定行业、商业协会或其他组织的人讲话时，在开讲之前，你必须收集所有你能够找到的与听众专业相关、且正在发生的情况和信息。他们销售的产品市场环境好不好？他们现在是处于快速成长期、平台期，还是已经到了衰败期？现阶段影响该行业的商业和政治趋势如何？还有其他一些问题，在做讲话和发言的策划准备工作时都要了解清楚。

### 听众业务领域正在发生的变化

我曾经受邀去为一家知名跨国企业的经理人做演讲。这家公司刚刚宣布了一系列裁员决定，涉及各个级别的经理人，而我是要面对那些幸存者演讲。我准备的是有关个人生产力和领导力的演讲题目。然而，就在我刚刚到达准备开讲的时候，公司又宣布还会有进一步的裁员计划，这意味着在接下来的 30 天里，演讲听众中的很多人也有可能被公司辞退。结果我的听众对演讲心不在焉、兴致全无。在我演讲的同时，他们唯一思考的就是下一步自己该怎么做。这不是什么好的场面，但至少你还知道原因。所以，多花点时间去了解各种可能的情况和问题。

## 当地情况

了解演讲所在城市正在发生的新闻和事件。例如，很多时候我是在当地球队刚刚赢得比赛冠军或输掉重要赛事的情况下去演讲。充分意识到这一点非常重要，你可以在演讲开场白的阶段说起这件事。否则，听众还一直沉迷在赛事结果中，他们会认为你是一个局外人，根本不理解和体谅他们的兴奋与失落。

## 听众最近的所听所获

准备工作的另一项内容就是了解你的听众近期还听过哪些其他演讲者的讲话。还有谁曾给你的听众做过演讲？是关于什么主题的讲话？听众对演讲者和演讲主题的反馈如何？他们是否喜欢听他讲话，还是对他感到失望？为什么？如果他们喜欢之前的演讲者，原因在哪里？那位演讲者又说了些什么？

如果整个会议耗时较长，弄清楚谁将在你之前讲话十分重要。你前面的发言人会谈到哪些话题？你还要知道在你之前最后发言的人是谁？他对此前所有演讲者的反馈和评价如何？

## 根据听众的具体情况准备发言

最近，我给 4 000 人做了一次讲话。我与会议组织者进行了深度讨论，并花了相当多的时间来准备我的讲话内容。最终,我把这家公司所有的问题、担忧、挑战和未来发展方向整合在一起，形成了我的 90 分钟讲话。

演讲结束后，公司总裁把我带到一边对我说，这是她听过的最好的演讲之一。此前，公司以较多费用聘请的演讲者也都承诺会根据听众定制讲话内容，却都没有做到。她说，此前的许多发言，一开讲就知道演讲人未曾花心思在讲话内容中融入公司所关注的问题。所以这家公司以后再也不会邀请他们来讲话了。

## 对演讲目的要心中有数

“目标问题”要熟记于心。如果你能在演讲结束后采访听众，当问到“你从这次演讲中得到哪些收获？你打算做哪些与以往不同的事”，你希望他们怎样回答？你对这个问题的答案越具体，你的演讲策划和布局谋篇也就越容易，让你能够在给定的时间里实现你的演讲目标。

## 控制时间

此外，你对自己演讲可用的时间长度以及分配的合理性要绝对清楚。有时候，听众希望你讲话的时间只占总时长的 75%，剩下的时间就留作问答环节。在另一些情况下，会议组织者又希望你的演讲能充满整个时间段。而重要的是，无论哪种情况，你都能恰到好处地结束你的发言。

很多讲话、论坛和会议，在时间上都是经过精心策划安排的。例如，我曾经受邀在一个 5 000 多人的大会上讲话。会议的策划组织者非常苛刻，甚至让我把讲话的具体内容先写出来，然后付钱让我为管理人员先做一场小型演讲，请他们给我的发言提出建议和评判。他们主要担心的就是我演讲所用的时间。

到正式演讲那一天，我的前一位演讲者有 22 分钟发言时间，却讲了 28 分钟。我站在后台等候上场，我注意到会议组织者满脸紧张、焦虑，还有气愤。他们不在乎演讲者说的是什么，只在乎他是否比原计划说多了，以至于搞乱了既定的时间安排。可以想见，那位超时的演讲者此后再也没被这家公司邀请过。

# 完成功课就开始准备

有一种有效的准备方法，我已经使用了很多年。从一张白纸开始，在最上面写下你的演讲题目，接着用一句话描述你的演讲目的和具体目标。什么是这项“工作”必须做的？然后逼自己来一次“彻底清空”，把演讲中可能用到的想法、洞察、短句、数字、事例或图解等逐一列出。于是，我就要写、写、写。

有时候，这个“彻底清空”会让我整整写完两三页纸。我从这些笔记中挑选特定的内容，再以某种逻辑序列把它们串连在一起，形成一套从开场白到结束语的完整讲话。你也可以这样做。逼着自己写出 20 条、30 条，甚至 50 条你认为可以用于演讲的内容，看看你能想出多少，这个数字也许令你自己都感到惊讶。

一旦你把所有要点和素材组织起来，回顾一遍，用一只红笔圈出在演讲中最有影响力的内容。把这些要点按照一定顺序组织起来，你的演讲也就会由此自然展开。

## PREP 模式

当你选定将在演讲中涵盖的要点，就可以使用 PREP 模式逐一编写每个要点。

**P：Point of View，即观点**

首先，在开头部分陈述你的想法、主意或事实。例如，你可以说：“在未来十年中挣钱超过过去 100 年的人将会越来越多。”

**R：Reasons，即理由**

说明你坚持这一观点或想法的理由。例如，你可以说：“通过一代人的个人奋斗就成为百万富翁、千万富翁的数量，在过去的五年中增长了 60%，而这个增长速度还在不断加快。”

**E：Example，即实例**

用图解等方式加强或证明你的观点。例如，你可以说：“在 1900 年，全美有 5 000 个百万富翁，一个千万富翁也没有。到了 2000 年，百万富翁总数达到了 5 000 000 个，千万富翁超过 500 个。再到 2007 年，根据《商业周刊》杂志的统计，全球百万富翁人数达到 8 900 000 个，千万富翁超过 700 个，其中绝大多数都是第一代富人。”

**P：Point of View，还是观点**

重复你的观点和想法。例如，你可以说：“今天，对于你这样拥有创新能力的人，想获得财富、取得成功，从没有如此多的机会可供选择，除非是明天或者是多年以后。”

## PREP 模式的应用

这里为你举个例子来说明怎样运用 PREP 模式：

> 现在正是人类生存历史上最好的时代（观点）。我们的自有房产比例最高、失业率最低、工业化世界里的经济增长最快（理由）。仅上一年度，就有 1 000 000 美国人创建了自己的公司，加入创业蓝海，追赶时下经济高速发展的大潮（实例）。正是因为这个伟大的时代，在未来几年中会有更多人积累更大的财富，远超过去 100 年的总和（重申观点）。

你可以把演讲涉及的每一个小观点按照这种简单的模式进行组织。这种模式虽然简单，但它效力显著、影响力巨大，能够有效说服听众接受你的观点。

## “雨刷”法

你还可以采用“雨刷”法来设计规划你的演讲。如你所知，人脑由右脑和左脑组成。左脑负责处理事实和信息，右脑负责处理情感、故事、引语和事例。

“雨刷”法其实很简单：先陈述事实，再跟进讲一个故事。陈述另一个故事，再跟进引用一段直接引语。继续陈述事实，并跟进列举一个事例。还是陈述事实，这次可以再配合一个数据图解。你这样多次反复，就像是汽车挡风玻璃上的雨刷。

采用“雨刷”法做演讲准备，需要先拿一张白纸，在中间纵向画一道竖线。竖线的左侧用来记录你想说的事实和观点，竖线的右侧则是用来记录事例、故事或图解等，用于证明和呈现事实本身。左侧的每一项内容，在右手边都要有相应的事例或故事等内容加以佐证。

如果你采用这种方法撰写演讲稿，可以同时激活每位听众的左脑和右脑。听众一定会探着身子聚精会神听你讲的每一个字。你能在整个演讲时段都充分调动听众的注意力。

## 画圆法

在纸面上策划一场演讲，你还可以利用图片和插图等视觉辅助手段。我习惯的方式是在纸张中心位置以下画出一组五个大圆圈。每个圆圈代表演讲的一种要素。第一个圆圈里是我将用来定场和吸引听众注意力的介绍和评论性内容。第二、第三和第四个圆圈里则是我的演讲将会重点展开的关键要点。第五个圆圈里是演讲的收尾和结束部分。

如果我将要做的是一次长篇演讲，我有时会在纸上画出七个圆圈，如果必要我甚至还会增加一张纸。虽然每次演讲准备情况不同，但第一个和最后一个圆圈始终是留给开场白和结束语的，而中间的圆圈就用来放进计划讲到的关键要点。

### 用心策划开场白和结束语

演讲的开场白策划很重要。你该逐字逐句撰写，并反复彩排练习，在头脑中练习、大声说出来练习、面对镜子练习。你的开场白措辞将为整场演讲设定基调，建立听众期待，并与他们沟通清楚事实。这一点绝不能错过。

同样的，你规划结束语也要逐字逐句认真执行。想象一下，你具体打算用怎样的语言结束你的演讲。演讲准备工作总是会有变数，你的演讲时间可能受到任何因素的影响而缩减许多，至少你要知道如何以一种更有效的办法来结束自己的讲话。

## 演讲的视觉辅助

在发表演讲的过程中，你应该考虑使用一些视觉元素来帮助你演示要点，让它们在听众看来更加鲜活生动。

### 魔法技术

还有一种元素是我称之为“魔法”的技术。如前所说，我会从上衣口袋拿出一只金笔，说几句能与钢笔有所联系的话，例如：“想象一下你能够把‘魔法’与环境综合到一起，并让演讲的各个方面都尽善尽美。那将会是怎样的效果？”

我采用“魔法”技术，在此处暂定，让每个人都能想一想这种情况下的完美具体会是怎样的。然后再讨论一系列听众能够用于改进现状的策略和技巧。

## 幻灯片与演讲

演讲中是否配合使用幻灯片演示取决于很多因素。在职业演说家行业里有这样一种说法:"死于幻灯片。"很多演讲者一开始就严重依赖幻灯片演示,以至于自己的个性和演讲的精髓也被淹没在屏幕上演示的一个接一个要点之中。

幻灯片只适合一些特定情况。如果你想要使用它配合演示,最好能遵循以下几点规律。

**5x5 原则**

第一,也是最重要的,你要保证每页幻灯片的文字永远不会多于 5 行,每行永远不超过 5 个词语。文字过多会分散听众的注意力,甚至把听众搞糊涂。如果听众人数较少、演讲所在房间空间较小,幻灯片的文字和行数可适当增多。

无论你有多少要点,一次只能讲其中一个要点。不要让整个幻灯片都布满各种信息,那样会让听众忙于阅读而不是专心听你讲话。所以千万不要犯这样的错误。

不久以前,我给一个跨国公司做演讲。在轮到我上台之前,公司总裁先对着听众讲了一个小时。他的幻灯片演示只有一页幻灯片,上面横行纵列布满了上百个数字,没有一个能让听众席上的人看清楚。这位总裁对着屏幕讲话,对这些数字加以评论,足足讲了一个小时。因为他是公司总裁,所以听众席上的每个人都正襟危坐,但其实每个听众都在经历着难以忍受的痛苦。不要让这种事发生在你的演讲中。

**面向听众**

第二,当你使用幻灯片配合演讲演示时,务必要面向你的听众,把笔记本电脑放在自己面前,通过电脑就可以知道你背后的大屏幕上正在播放的内容。在点击切换幻灯片的同时，目光要放在听众身上，并始终面向听众讲话。

当你所讲的内容与幻灯片演示要点无关时，幻灯片也要相应切换，让大屏幕内容为空。切记，在任何演讲中，你的面孔和表情都是演讲中最重要的元素。即使大屏幕正在播放要点内容，人们的目光从你的脸上转到屏幕，也还会再转移回来，就像是网球比赛的观众。

### 注意灯光

当你用幻灯片进行演示时，你的脸孔会被灯光照得通明。这时候，为了让投影仪和大屏幕达到最大清晰度，许多资深经理人会让自己站到黑暗中去演讲。他们总是这样做，让我感到很沮丧。这些资深管理者千里迢迢出差来此演讲，并投入了大量时间进行准备，却让自己站到黑暗中，让听众无法看到他们，更无法与之互动。

### 幻灯片只是个道具

请把幻灯片只当作一个道具或是一种演讲的辅助手段。它不应该成为你讲话的主要焦点。你才是这次演讲的焦点和核心，幻灯片的存在只是为了辅助你，让你可以利用图示更清晰地讲解你的观点，让听众更容易理解。

当你要用幻灯片进行演示时，务必要事先进行练习和彩排。把演示幻灯片从头至尾过三到五遍，你才可以开始演讲彩排。为了确保幻灯片和投影仪连接无故障并能够正常工作，在正式开始演讲之前还要做一次带妆彩排。

### 预测各种意外情况

你大概见到过这种情况：整个发言都是以幻灯片演示为基础，但是幻灯片临时出现故障，无法演示。演讲者站在那里，不断地点击，大屏幕上却什么也看不到。人们在台上跑来跑去，忙乱地摆弄着设备想要修好它。他们还跑到酒店某处给技术人员打电话。每个人都站在讲台周围，傻乎乎、莫名其妙地看热闹，整个会场和演讲者都僵住了。在正式演讲之前做一次彻底的演练彩排，这样可以确保你不会遇到这种慌乱的情况。

**重点关注你和你的演讲内容**

如果要使用幻灯片进行演示，无论如何要有一个清晰有力的开场表述，为你接下来的演讲奠定一个好的基础。然后你可以用幻灯片演示重要的数字、观点以及他们之间的关系。当你结束演示，停止屏幕投影，务必给自己一个明确的聚焦，把听众的注意力拉回到你的脸上，用你的语言为整场演讲收尾。

# 流畅的表达

每个演讲者都会有三种不同情况下的演讲表现。首先是演讲者计划要达到的现场效果；其次是演讲者站到听众面前实际做到的现场表现；最后是演讲者在回家的路上反思刚才认为自己应该拥有的演讲表现。

最好的演讲应该是计划、实际和反思这三者最终都能一致，那样才会带给你深层的愉悦和满足。

## 要点之间的无缝衔接

在策划和准备演讲时，一定要认真设计要点之间的过渡段，这样才能让听众清楚地意识到你已经讲完了第一个要点，正要开始讲下一个要点。

反复梳理你的材料，不断寻找新的方法，帮助提升演讲内容的品质和表达的流畅性。

## 练习——终有回报

多年以前，我曾经受人之托做了一场重要讲话，听众中也包括一些未来可能请我去做演讲的人，但前提是我的这次演讲能给他们留下深刻印象。

我花了超长的时间练习准备和彩排演练，在正式上台对着会议中心的大批听众做最后演讲之前，我把演讲稿整整过了 50 遍。

练习终有回报。那次演讲同时做了视频和音频记录，之后被传到全世界，有成千上万的人看了这次演讲不同语言版本的影音资料。几年以后，当时邀请我演讲的那家机构对 37 年来的演讲进行评选，我的那次演说从一千多场演讲中脱颖而出，成为最好的 12 场演讲之一。所以，充分准备，一定会让你有所回报。

## 学会使用记忆法

帮助你出色完成演讲的另一种准备工作方法就是记忆法。有了它，你可以围绕某个具体词语或系列文字、数字在头脑中设计你的演讲内容。

你或许听说过很多记忆训练师都使用这种记忆法。从 One（一）字起头，联想另一个押韵的字，例如 Gun（枪），再由此关联到发言内容的第一个要点，例如“开场白由一把枪引出”。

接下来是 Two（二），联想到的押韵字是 Shoe（鞋），关联到发言内容的第二个要点，或许是以某种方式与“鞋”有关系的一个要点。

同样，从 Three（三）可以联想到 Tree（树），演讲者会由此想到他讲话的第三个要点，可能是“挂在树枝上”之类的。

以此类推，如法炮制。Four（四）的押韵字是 Door（门），与之关联的是演讲的第四要点“贴在门上”；Five（五）的押韵字是 Hive（蜂巢），与之关联的是第五点“在蜂巢周围飞来飞去”；Six（六）的押韵字是 Sticks（棍子）；Seven（七）的押韵字是 Heaven（天空）；Eight（八）的押韵字是 Gate（大门）；Nine（九）的押韵字是 Tine（尖头，类似餐桌上的叉子）；Ten（十）的押韵字是 Hen（母鸡）。

从数字联想相应的押韵字，通过这种方法就能够把你演讲中的部分要点与代表顺序的数字联系起来，帮你按顺序记住演讲中的10个要点，无一遗漏。这是一种常用的小窍门，作为演讲者，如果想不拿笔记，又毫无提示地站到听众面前，都会尝试使用这个方法。

## 逐字逐句设计发言

我最喜欢的组织演讲稿的方法还是从一个与演讲题目相关、又为听众重视的词出发，比如“成功”一词，围绕这个词再来准备整篇演讲。你几乎可以从任何字开始，现在就以 Success（成功）为例，介绍一下这个方法。

- 第一个字母 S 代表“Sense of purpose”（目标感）。在此之下，我会介绍在开始做事之前先设定清晰、具体的目标有多么重要。
- 第二个字母 U 代表“You are responsible”（你很负责任）。在这部分，我会说明你应该自己掌控自己的生活和事业，必须拒绝给自己找借口。
- 第三个字母 C 代表“Customer Satisfaction”（客户满意度）。你要清晰定义你的理想客户群，确定你可以在哪些方面比竞争对手胜出一筹，从而赢得你的目标客户，让他们感到满意。
- 第四个字母 C 代表“Creativity”（创造力）。我会介绍在当今市场中不断寻找优质廉价高效的促销方法对售卖产品的重要性。
- 第五个字母 E 代表“Excellence”（优秀）。要在自己从事的领域内做到绝对优秀，还要不断努力提升自己。
- 第六个字母S代表“Sensitivity to others”（对他人保持敏感度）。要关注他人，认真思考怎样让自己的言行可以对他人产生影响。
- 最后一个字母也是 S，代表“Stick to it”（坚持到底）。要从一开始就下定决心，无论发生何种情况都不会放弃，面对任何困难和可能性都会坚持走下去。

选定一个词语，精心演绎其中的每个字母，我用这种方法做演讲，每次大约60～90分钟，从来没有失误过。听众很喜欢这种方式。在我讲话的同时，他们都急切地想知道每个字母所代表的含义。

你也可以采用这种方式，单词的字母以三到十个为宜。以这种方式组织你的想法会非常有效，流畅的脱稿演讲将会给听众留下非常深刻的印象。

## 把演讲要点制成索引卡片

如果你在演讲时站在讲台后面，那么一种最好的演讲准备方法就是把你的要点用大号字写在几张 3 英寸 × 5 英寸或是 5 英寸 × 8 英寸的索引卡片上。不要把你的材料每字每句都写上，只要写出关键的句子、想法和短语即可。把这些索引卡片按照你演讲的要点顺序排列好。

我见到过不少既有能力又受人尊敬的演讲者，他们站在众多听众前，手里都会拿一叠那种索引卡片，在他们演讲时就用这些卡片工具提示演讲要点。听众很少排斥这种演讲方式。他们都知道这是演讲者保持自己思路清晰的方法。听众从中也可了解到演讲者为了达到效果做了相当大的努力。

## 先对少数人试讲

还有一种演讲准备，就是在你走向人数众多的陌生听众开始正式演讲之前，先对少数熟悉或较为友好的听众做试验性讲话，次数越多越好。不久以前，我参加了一次董事会议，之后是一个晚餐会。其中一位董事在董事会上就做了一次即兴演说。他的语言组织得很好，因此在他逐一展开介绍自己观点的 20 分钟里，全体董事都听得全神贯注。最后，所有人都对她的想法和观点印象深刻。

之后的晚餐会上，他面对 500 多人起立讲话，讲的就是刚才在董事会上说的那一段。回忆刚才，我才意识到他正是把董事会议当成这次重要演讲前的一次试讲机会。

## 边走边讲

还有很多人准备讲话发言的方法是走出去散步，一边散步一边就把要讲的信息说出来了。独自散步时，他们会充分调动手、脸配合完成演讲，运用记忆法帮忙，无须记笔记就能记住演讲的每一个部分。有些人甚至会在特定的要点处提高声调，就好像他正面对着许多听众大声演讲。边走边讲也是演讲准备的最有效方式之一。

## 搜索你要的信息

当你对来自某个行业的特定听众讲话时，很重要的一点是，即使你不是这个领域的专家，至少看起来要对这个行业有一定的了解。做到这一点并不难，你可以用搜索引擎搜索该行业的相关信息。除了谷歌，还可以访问胡佛（Hoovers.com）查找行业数据和趋势、行业内的知名公司，还有该行业的重大事件。

把这些“内部信息”编写到给特定人群的演讲中，你看起来就会像是来自行业内的人士了，即使不是为这家公司工作的人，也是在这个行业工作的人。能够深入了解听众的工作情况以及他们所面临的市场挑战，这样的演讲者往往更能吸引听众，给他们留下深刻的印象。

## 关键人调研

最后，还有一种最好的演讲准备方式。从邀请你演讲的组织中找到一些关键人物，先在互联网上查阅他们的履历。如果某位关键人物服务于某家大型企业，他的履历往往也会出现在这家公司的网站上。有时候，也可以向会议组织者询问，了解听众中这些关键人物的相关背景情况。

在我准备演讲时，我会把了解关键人物的姓名和背景作为一个重点，然后把他们的名字融入到我的讲话中去。例如，我会说：“你或许听说过，拉尔夫·威尔逊曾多次提及此事——你必须坚持面对这种多样性，因为他坚信如此，这也是他的企业获得成功的重要原因。”

我可以很自信地说，我这样说从没有被人驳斥过。当你把积极的语言、想法和观点以关键人物的口吻说给听众，那些关键人物也会有被夸赞的感觉，结果是他们会为此感到高兴，而你也会被视为英雄人物。

**演讲小秘籍**

人们经常问我，一场有说服力、影响力的公开演讲背后有什么秘密。我总是告诉他们，好的演讲从准备工作开始。演讲者的成功中足有 90% 要归因于他的准备工作是否充分细致。从你口中几分钟的开场白里，听众就能够知道你是否已经为演讲做了足够的准备，并立刻给你打分定级，分数高低即刻见分晓。而你的工作就是要准备，再准备，让你从张口讲话的第一秒就像是一个权威人士。

计划和准备得越充分，最终站上演讲台时你的信心也会越足。在你反复练习后最终站上讲台、面对听众，你也会感受到巨大的个人力量和镇定的心态。

第 3 章

# 增强自信，消除演讲恐惧感

积极而自信地思考，满怀信心与信念，人生将会变得更少忧虑、更多行动力，由此获得更多的经验和成就。

埃迪·里肯巴克（Eddie Rickenbacker）

当你讲话时，你的目标应该是自信地站立：积极、放松、自我感觉良好。你的理想应该是站在那里感觉到快乐和幸福，就同你在圣诞节家庭聚会上的感觉一样。

那么你将如何在众多听众面前让自己达到这种平稳、镇静而自信的状态？在这一章里，你将会了解到答案。

首先，要充分意识到舞台恐惧十分正常，即使是那些已经千百次登上舞台的职业演讲人，登台时感到紧张害怕也是常有的事。英国演员大卫·尼文

（David Niven）就曾承认，在经历了上千次演出之后，他在每次上台前依然会感到紧张和害怕。

根据《书籍榜单》（*Book of Lists*）调查，54% 的成年人会把演讲恐惧排在死亡恐惧之前。虽然如此，心慌意乱也并没有错。你的目标就是解决这个问题。

## 一切恐惧皆是后天习得

初生牛犊不怕虎。人类天生本无恐惧感。成年人的一切害怕、恐惧都是来自孩童时期的经历和对一些负面体验的强化，其中也有对面向众多听众发表讲话的畏惧心理。既然这是后天形成的恐惧心，那么也可以防止形成或是摆脱它。

成年人畏惧心理的主要原因是在儿童时期受到过毫无建设性的批评。有时候，父母为了某些事情批评孩子，却又给不出建设性的意见，这时候孩子往往就会产生害怕失败、害怕被人否定的心理。这种害怕失败、害怕被人否定，就会导致孩子在以后的人生中对他人的意见、态度表现出过度敏感。

心理学家也说，几乎所有的精神和情感问题都来自儿童时期“爱的收回”。当父母试图操纵、控制孩子，把对爱的给予或收回当作诱导孩子行为的工具，就会出现这种情况。其结果就是孩子很快就会形成一种认知，“只要我做妈妈或爸爸想让我做的事，我就是安全的，如果做了他们不允许的事，就会有危险”。

## 敏感的孩子和过度敏感的成年人

遭到过非建设性批评或有过“爱的回收”经历的孩子，成年后就容易表现出对他人的意见过于敏感，非常在意别人对自己的态度。在某些极端情况下，甚至会认为自己一无是处，除非有在他生活中非常重要的关键人物对他表示肯定。

很多人一想到要站到众人面前讲话就会感到精神受伤害。这表明他们在 5 岁之前就有过害怕失败、害怕被人否定的心理体验。但是，这种感觉是可以被替代的，你完全可以表现得自信、镇定、游刃有余、掌控力十足。

当今时代，很多顶级演说家一度也曾是“闻演讲而紧张”，一听说要到人前去讲话就会发抖，即使是在自己公司的员工会议上发言也会感到焦虑。我的一位朋友，在他第一次上台讲话时甚至紧张到尿湿了裤子，逃到后台，但是现在他已经能面对数千人淡定从容地做演讲了。

## 从内容着手

演讲时想要有自信的表现，首先要从内容入手，你的信息必须是你真正想让听众们听进去的。这一点，极其重要。

当有人告诉我他或她想成为一名更好的演讲者时，我问他们的第一个问题就是“为什么”。为什么如此强烈地想要与他人分享你的观点、意见？

但是，唉！多数情况下，他们给我的回答就只是说，他们想成为出色的演讲者是为了赚更多的钱或是赢得别人的掌声和赞美。他们很少想到自己真正的目的，甚至根本不曾意识到这一点。就我的经历而言，这样的人很少能够超越普通人的水平。但是如果你有一个强烈的目标，并期待与人分享，那么你就找到了有效进行自我表达的路径。

## 用心表达

几年以前，我听说 Famous Amos 饼干的创始人沃利·阿摩司（Wally Amos）发表了一段关于抵制文盲的演讲。他为了帮助成年人学习阅读这项事业奉献出了大量的时间和财富。当他面对由 600 位成年人组成的听众群体时，也是发自内心地与他们沟通。很显然，他并未接受过任何专业演讲者的培训，但是他把自己的想法、观点按照一定的逻辑顺序组织起来，整场演讲满怀真诚，向听众介绍了学习阅读对成年人的重要性，以及阅读将如何改变人们的生活。演讲结束后，全场听众起立为他鼓掌喝彩，因为他是真的在用心表达，讲述一个他深有体会又格外看重的主题。

## 站在听众立场

克服面对听众的恐惧和紧张，首先要充分意识到一点：当你起立讲话时，听众席上的每一个人也都希望你今天演讲成功。这很像是去看一场电影。有哪一次你去看电影的时候心里是希望赶上一场糟糕的影片来浪费你的时间？当然不会！去看电影的时候你总是希望今天这一场影片精彩绝伦、物有所值，让你不虚此行。同样，你的演讲也是如此。听众会为你加油鼓劲。他们都希望你演讲成功，就像是来参加你的颁奖典礼一样，他们会为你欢呼庆祝，盼望你有一场令人振奋的成功演讲。

换一种说法就是，你刚起身开始讲话时，听众给你的打分都是 A。你已经得到了一个最高分数，接下来的任务就是要保持住这个分数。记住，主持人的介绍程序也是帮你预热、适应环境的系统性措施。多一些站在听众中讲话的实战机会，最终你的害怕和焦虑感都会很大程度上减轻甚至消失。要增强自信，没有比反复实践更好的方法了。

## 树立信心，胜任演讲

有几种技巧可以帮助你克服演讲中的恐惧和焦虑感。世界上最优秀的演讲者也会不断尝试这些方法。

### 自我鼓励

你的情感有至少 95% 取决于你会怎样告诉自己。也就是说，对自己讲话也能影响到你的想法、感受和行为。语言遵从于你的意识，你对它有完全的控制力。

无论是演讲还是其他任何事，让自己在精神上做好充分准备，你能用到的最有力的语言就是一句话：我喜欢我自己！

在正式开讲之前对自己反复说一句话："我喜欢我自己！我喜欢我自己！我最喜欢我自己！"这样说能够非常有效地提升你的自尊、自信的感觉，从而减少恐惧害怕。你对自己的喜爱越多，你从中获得的自信感越强；你对自己的喜爱越多，你对自己面对的听众也会更加喜爱;你对自己的喜爱越多，你在演讲中的表现也会越发出色。

当你因为某种原因感到紧张害怕时，就把这种恐惧感暂时短路一下，重复对自己说："我能行！我可以做到！我一定能成功！"对失败和害怕被人否定批评的畏惧感通常是因为人们心中有"我不行！我做不到！"这样的想法。而当你对自己说"我可以"的时候，你就排除了那种否定的心理暗示，彻底抛弃了畏惧心理。第一次尝试这种方法时，这种自我鼓励的方式所带来的自信满满的良好感觉一定会让你感到惊喜。

## 记忆图像法

你的外在表现中每一点进步都离不开你的记忆图像中的进步。如果你能对自己的演讲形成一幅清晰明确、积极正面、令人振奋的记忆图像，你在潜意识里也会接受这些积极的信号，把它们当成一种指令，指导你的语言、感觉、手势与你的记忆图像保持一致。

你应该能够“看到”你自己正镇定自若地站在讲台上，自信、从容、面带微笑地看着你的听众；也会看到听众们正探身向前，时而会心微笑，时而开怀大笑，不但聚精会神听你讲出的每一个字，还露出非常享受的表情，看得出你的演讲充满智慧，也带给他们愉快的感受。这里提供两种“联想画面”的方法供你参考。

### 联想法

外部联想，是指你可以想象自己是听众中的一员或是某位第三方人士正在讲台上审视。你审视着一个镇定、自信、彻底放松的自己正流利地讲述着你的演讲主题。你看着自己，就好像是另外一个人在看你做演讲。内部联想，是指你用自己的眼睛观察自己和听众。你想象听众都围在你周围，以积极赞美的方式回应你的演讲。

两种方法还可以交替使用，先从内部观察自己，再从外部观察，两种观察角度都要以积极正面的方式进行。这样做能在你的潜意识里留下一个印象，你尽力而为，表现出色。你的潜意识又将以同样的意念和感觉反馈于你。

### 潜意识演练法

另一种建立演讲自信和稳定心态的方法是想象自己在演讲中从容自若、游刃有余、表现绝佳。这种方法要特别在你临睡前的时间段里实践。因为在临睡前的几分钟和刚睡醒的前几分钟里，信息处理主要是由潜意识负责。此时潜意识比一天中的任何其他时间都更为活跃。

在你入睡时想象你正在做一场精彩演讲，而听众正是你即将要在真实演讲中面对的人们。这最后的印象会渗透到你的潜意识，当你熟睡时对你产生深层的影响。重复练习这种方法，平时练得越多，当真正演讲时你就会越镇定自信。这种潜意识演练的效果非常显著。

## 情感演绎法

你还可以真真切切地“体验那种感受”——成为一名优秀而广受欢迎的演讲者的感受。换言之，你可以自己制造这种感觉，在演讲之前为自己创造机会，感受幸福、愉悦、自豪、兴奋和自信。想象你刚完成一次成功的演讲，在场的每个人都为你起立欢呼、微笑鼓掌。你对自己非常满意，对自己刚才的演讲表现也感到骄傲和自豪。

当你一个人独处的时候，想象有很多听众就在你身边，你的演讲正是他们期待已久的，为自己制造这种成功的感觉，并告诉自己“每一次我的演讲都精彩绝伦”，还要联想到你作为一名语言流畅、成绩骄人的演讲者的画面。

著名的心理学家和哲学家威廉·詹姆士（William James）曾经说过，“获得某种感受最好的方法就是你已经体验过这种感受”。相比于人的情感，人的行为更多地受到意志的左右。这是通往成功行动的关键，也是成就讲台上各种出色表现的关键。

情感演绎的巧妙方法之一是“电影片尾”法。要了解这种方法，首先要想象你来到电影院，正准备看一场电影。但是你到得早了，正在放映的一场电影还没有完全结束。你走进放映厅，观看了至少 10 分钟，看到这个电影如何收场，所有人最后都有圆满的结局。

当电影散场，你回到大厅等候直到下一场开演。于是你再次回到放映厅从头观看这部电影。而这一次，你已经知道影片的结局。你知道经过种种曲折，在跌宕起伏的情节后，一切矛盾最终都会成功化解，电影会有个圆满结局。了解了这一点，即使故事情节一波三折，你在观影过程中也会轻松自如得多，不必因影片情节紧张焦虑，更能够全身心地沉浸在各种美妙的电影画面里。这一切，都是因为你已经知道了影片是怎样结尾的。

参照同样的思路，你的每一次演讲也都可以采用“电影片尾”法，想象你已经知道了演讲的最终结果——所有人都会为你献上微笑和掌声。你的表现近乎完美，也因此感到无比的幸福、自豪和兴奋。听众席上你的朋友们也向你投来了欣赏和赞许的笑容。在你正式开始演讲之前，先设想这样一幅演讲成功的场面。

你可以反复多次独自做这样的练习。你会惊讶地发现，在真实的演讲中你总能获得像想象中一样的成功。

## 重播回顾法

这里有一个重要的发现：你的潜意识无法区分哪些是真实的事件，哪些又是假想出的情况。例如，如果你有过真正的成功演讲的经历，你的潜意识会记录下这次成功的感受。这种被潜意识记录的感受将会为你以后的经历，特别是演讲方面的经历带来更大的自信。

然而，如果你采用“潜意识演练法”或“情感演绎法”，即使你还不曾体验过真正的成功，只要你的潜意识可以想象这样一次成功的体验，你也可以在真实的外部世界里获得这种成功。因此，如果你真实践行并在头脑中回放这种正面感受 10 次或 20 次，甚至 50 次或更多次，你的潜意识就会记录你有过 10 次、20 次、50 次和更多次的成功演讲，每一次都获得了听众的起立鼓掌和一致好评。

当你实践这种方法时，反复重播你脑海中记录下的成功情境——你的演讲实力出众，你从容镇定、思路清晰、表达自信，完全是一个职业演讲者的表现，这种潜意识最终会变成一种确定的情况。

如果你能把“重播回顾法”“潜意识演练法”和“情感演绎法”三种方法综合运用，实际上就是对你的潜意识中有关成功的片段进行了处理，能够帮助你很好地准备你的演讲。

## 最后一分钟构建自信

演讲的精神层面准备工作，大多是可以提前做到的。但是还有几个小方法可以在演讲时帮助演讲者快速平息紧张情绪，恢复镇定，发挥最好的状态。

### 检查房间

轮到你上台演讲的当天，提早到场，彻底检查一遍房间的情况。走上舞台，在讲台后面站一站。巡视房间一周，从听众的角度看看从哪个位置开始你的演讲比较合理。

跟一些早到的听众聊一聊，问问他们都是从哪里来、做什么工作。询问他们叫什么名字，也把你的名字告诉他们。在开讲前你跟不同的听众聊得越多，在演讲时你就越放松。你会感觉自己就是他们中的一员。

在主持人介绍你上台和你正式开始讲话的同时，寻找听众中你已经讲过话的那几位，跟他们对视、微笑，就好像是一种与老朋友之间一对一的交流。这会帮助你放松，让你感到各种情况都在你的掌控之中。

### 呼吸练习有助放松

快要开讲的时候，你可以多做几次深呼吸，以此来放松自己，帮助热身，准备投入一次精彩的讲话。最好的深呼吸节奏，我称之为“7×7×7”模式，就是你一边深吸一口气，一边默数 7 下，尽可能吸到最深处，然后屏住呼吸再数 7 下，接着缓慢吐气，边吐气边默数 7 下。

重复这种呼吸练习7次，吸气——憋气——缓慢呼出。当你把气吸到深处再屏住呼吸的时候，你就短暂进入了意识的最初阶段，清理你的思想，镇定你的神经，把自己带入最好的演讲状态。

## 为自己鼓劲

在主持人介绍你之前，你要对自己说："这是一次伟大的演讲！我几乎等不及了！这将是史上一次伟大的演讲！"还要反复告诉自己："我喜欢自己！我喜欢自己！我最喜欢我自己！"

要饱含感情地说出这些话，就好像你正在说服坐在房间另一头的某个人，告诉他你是真的相信这些。你对自己说这些话时感情越充沛，它们带给你的潜意识和行为表现的积极影响越大。

## 动动脚趾

提升自信、减少恐惧还有一个方法，就是在你即将上台讲话时活动活动你的脚趾。此时，当你真的感受到愉悦和兴奋，像孩子似的愉悦和兴奋，你就活动活动脚趾。在演讲前这样做，能让你变得更加积极和热情。这确实能让你微笑并感到高兴。记住，行为引发情感和情感引发行为都是一样的。

## 耸耸肩膀

人在演讲时感到紧张，多数会集中在背部和两肩。你多转转肩膀就能让自己放松下来。轻松甩甩手，就好像你正要甩掉指尖残留的水珠。把深呼吸、耸肩膀、甩手和活动脚趾这几件事都用起来，你就能感到放松和愉快，也为演讲做好了准备。

## 笔直站立

当你站立演讲时，要做到笔直站立，直视前方。想象眼前有一条绳子从你头顶一直挂到天花板上，你就悬吊在这条绳子的一头，绳子吊着你的脑袋，让你站得笔直，形如苍松，也使你彻底得到了自信和力量。

## 假想一种听众形象

找一个合适的办法，让你自己在精神上进入一种强大的状态。例如，在开讲之前，想象听众都是一些欠你钱未还的人。他们都是来此想向你请求再宽容些时间。

你还可以想象听众们只穿了内裤坐在听众席上。这种记忆图像会让你对自己微笑、减少紧张感，同时让你的讲话更具说服力。当你想象听众是这样的一些人时，你对他们讲话时就会放松许多。

## 满怀感激之情

提升面对听众时的自信，有一种最好的方法是练习如何感谢听众，感谢这些给你提供讲话机会的听众。你要对自己说："我非常感谢各位能够给我这次机会来为大家做这次演讲。谢谢你们！谢谢在座的每一位朋友！"想象你真心感谢你的听众，不断对他们表示你的感激之情，"我爱我的听众！我爱在座的每一位！我爱你们！"

专业的演讲者都很熟悉这样一些表达，例如，"平台的优先权利"。当你起身讲话，总是能从演讲联想到这种优先权利——与一些知名人士分享你的观点和想法的优先权利。你对这一与人分享的宝贵机会越感激，你在讲话时越积极而富于热情。

你对演讲听众的热爱之情、关切之情越真诚，你在演讲时就会越自信。你越把他们视为朋友，视为你将以爱心回报的人，你在演讲时也就越放松。

## 与你无关

最后，还要记住一点，演讲关系到听众的利益，它其实与你无关。从你的自我和你的个人关注中走出来，不必去想他们会怎样看待我。相反的，你应该投入到听众的精神和情感中去，专为听众展开思考。

我的朋友卡维特·罗伯特（Cavett Robert）是美国演讲家协会的创建者，也是一位成功人士。当他还是一个年轻的演讲者时，曾经说过他甚至有一种边高喊着“我来啦”边快速冲到讲台上的念头。他说，当他改变想法，冲上舞台时内心的念头从“我来啦”，变为“哇！原来你们在这”，他才开始成为一名真正的演讲者。

当你开始环顾整个房间的听众——那些热情、有特色、有魅力、有趣的人们，你将会采取同样的态度，“哇！原来你们在这！”你的紧张恐惧也会随之减少，你将变得平静、自信、热情、友好而积极，此时你也就步入了成为一名优秀演讲者的正途。

**演讲小秘籍**

精神上的健康与身体的健康，都来自一系列反复的练习和实践。在演讲之前，把这些方法和技巧用于镇定和意念控制方面。当你这样做的时候，你也会感受到内心的平静、自信，成为一名完全控制局面的真正掌控者。

# 第 4 章

# 有力的开场白

开始是工作最重要的一部分，特别是对于尚不成熟、仍然脆弱的事；因为此时正是其特性形成之际，外界期待的印象很容易就被它吸收和接纳。

柏拉图

你应该听过这样一句话：“第一印象是最持久的；你永远不可能有第二次机会再给别人留下一次第一印象。”而且你肯定还听过另一句：“好的开端是成功的一半。”

因此，当你开始演讲时，必须倾尽全力给你的听众建立一个良好的印象。这样做可以充分调动听众的注意力，让他们专注地听你讲话，被你的思想所引导。

# 介绍演讲者

如果在你开始演讲时，已经有人对你的情况做过介绍，那么这个介绍就是一个定场，其目的是让听众对你的演讲有明确的期待，意在让听众在精神上和感情上都能做到全神贯注、聚精会神地听你讲话。为此，你必须事先就认真做好计划。

好的个人介绍可以向听众说明你取得的成就，由此会把人们的注意力引向你的演讲题目，而你本人的名字往往出现在最后。自我介绍可长可短，一般根据你演讲的主题和长度而定。

这里为你举一个如何介绍演讲者的例子。“我们今晚的演讲者曾经创立了 22 家企业，为 8 家不同的企业赢得过超过 100 万美元的订单。今天他将与我们分享‘怎样通过真正的努力获得生意上的成功’。让我们一起鼓掌欢迎博恩·崔西先生。”

篇幅较长的演讲者介绍可以包含演讲者的背景、成就等更多的细节信息，特别是与演讲主题相关的信息。但自始至终焦点都应放在提升听众对演讲者的期待和信任度，让听众内心感觉“我几乎等不及要听这个人的演讲了”。

# 5 分钟过渡

从完成演讲者介绍到正式开始你的演讲，这之间还有很多事情要做，所以当你站上讲台，对接下来的 5 分钟也要一丝不苟、认真对待。好好利用这段时间，你将给听众留下一个积极正面的印象，也为整个演讲设定基调。

## 自信开讲

走完了介绍演讲者的程序，也适应了你的讲台，此时记得与刚刚介绍你登台的主持人握手暂别。如果需要，还可以给他或她一个拥抱。在主持人走下讲台的同时，你也要把自己的注意力移回到听众身上。

让整个会场稍微安静一会，等听众席上的气氛平复，并再度把注意力放回到你的身上。你可以微笑，用目光在整个会场中慢慢扫视几秒钟，保持开心的笑容，以此告诉听众你真的很高兴能来到这里、很高兴能见到他们。

当你微笑着安静地站在讲台上，听众也会很快安静下来，专注地等待你开始今天的演讲。当会场里鸦雀无声，能明显察觉到这种“期待的紧张”，就轮到你那清晰有力、幽默风趣、引人入胜的演讲开场白了。开场白之后，就进入到演讲的核心部分，最后还要精心收尾。

## 关注细节

有一个常识应该注意，不要让你的着装、配饰等分散了听众对你和演讲本身的注意力。人们通常会在 30 秒之内就对你有了一个判断。因此，无论是形象、穿着、配饰，还是站姿，对演讲者来说都非常重要。

你的外表会向听众透露出你对他们的看法和感觉。演讲时的形象“如果不能给你加分，就等于是减分”。

很多演讲者认为，像是在花园里工作的园丁那样穿着，随意随性地面对你的演讲听众是很“酷”的一件事。但事实上，这样做往往等于告诉听众：你既不尊重自己，也不尊重他们。这种减分的印象会牵连到你所讲的内容。

我的客户经常会在南部或西部美丽的度假村里举办他们的年会。他们建议“每个人都像在乡村俱乐部那样随意穿着”，也希望我穿得随意一些，我却从来没有那样做过。通行的规则是演讲者的着装永远要等于或高于听众的穿衣标准，因为你需要永远都表现得很专业。

我有一个朋友是一位年轻的演讲者。他在一个贫苦的家庭中长大，所以对如何选择得体的衣着配件不是特别了解。圣诞节有人送给了他一枚金灿灿的大戒指，他就把它戴在自己的小手指上。演讲时戒指就随着他的手势闪闪发光，而他还觉得这枚戒指很引人注目。

有一次，当他结束演讲时，会议的组织者把他拉到一边说："你是一个好人，演讲得也很不错，可是你戴那么大一个戒指，看起来就像是一个拉皮条的。"

我的朋友自己从来不知道会给人留下这种印象，于是他摘下戒指，从此再也没有戴过它。

## 建立积极的期待

你的第一任务是建立预期。你希望听众为参加演讲感到高兴，希望他们态度开放，热切希望听你讲得更多。

记住一点，每一位听众都希望你演讲成功。他们已经站在你的一边，诚心诚意希望你的演讲能大获成功。所以你一开场就要向他们确定这一点。

重要的是听众们从一开始就喜欢你。他们越是喜欢你，就越能够开放地吸收你的演讲信息，对你提出的略显矛盾的观点或想法也就越不会有所抵触。

## 立即行动

当你起立开始讲话时，你就是现场的领导者。听众期待你掌控局面，负起责任。你的一举手一投足，都要像会场真正的主人那样，而会场里的每个人都好像是在为你工作。他们全都要听从你的指挥。

当主持人把你引荐给听众时，你就径直走到你演讲时该站的地方，挺胸抬头、自信微笑，目光要炯炯有神，透出一股振奋的精气神。行动要谨慎机敏，步伐轻快，要充满活力和信心。

刚开始讲话，要开门见山、直截了当。你可以把目光聚焦在听众中的某一个人身上，表现出和蔼可亲的态度，再轻松地移向其他听众，逐个扫视过去。这种直接的目光接触能使你放慢速度、松弛神经，帮助你建立起良好的听众关系。

### 真实可信、谦逊待人

获得他人认可和喜爱的最好方法就是要做到真实可信、谦逊待人。

始终保持真诚、开放，你就能展现真实的自己，获得他人的信赖。当听众对你抱以热切的关注时，你可以适当回以受宠若惊的表情，亲切地微笑并扫视听众。

你还可以适当流露出谦逊的一面，无论如何都不要做出一副无所不知或是高人一等的样子。有时候，即使主持人把我介绍得近乎完美，我还是会转向主持人说："谢谢你。你读的那份介绍恰好是出自我夫人之手。我显然没有那么出色，事实上我连哄孩子们上床睡觉都做不好。"

## 一长串的开讲方法

现在，你就站在了聚光灯下，就像是比赛前站在足球场的中央，你要怎么开球？如何开始你的演讲也有不同的方式。无论哪一种，都是要调动听众的注意力，让他们始终能全神贯注听你演讲。

### 感谢会议组织者

你的演讲可以从感谢听众拨冗光临和感谢会议组织者邀请你到会发言开始。如果把你引荐给会议举办单位高层人士的那一位正好也坐在听众席中，那么也应该适当提及他的名字。适当的赞美能让他们对你的到来感到骄傲和开心，也把你和听众联系起来，就像插头连接插座那样。

## 积极正面的表述

演讲也可以用另一种方式开头，告诉听众他们将会多么享受你的演讲内容。例如，你可以说：“今天晚上，我们大家将在一起度过一段愉快的时光。我将与各位分享一些我在这一领域内发现的重要观点。”

## 赞美听众

你还可以真诚地赞美听众，向听众表达你的敬意，并以此作为演讲的开头。保持微笑，表现出很高兴见到你的听众，就好像他们是你多年未见的老朋友一样。

你可以对听众们说，他们都是商业和工业领域里最重要的人物，今天能来到这里为他们演讲，你也感到极大的荣幸，盼望着与他们分享你的一些重要观点。你可以这样说：“今天来到这里，我感到莫大的荣幸。在座的各位都是精英人士，是这个行业里最顶尖的10%。任何领域里，只有少数最优秀的人会为这样的会议牺牲自己的时间，不辞辛劳赶来开会。”

## 提出发人深思的问题

当我面向企业客户和发表演讲时，常常会选择这样的开头方式，“非常感谢各位选择了我。我之前听说的是，今天我要为一整屋子‘自学成才’的百万富翁做演讲。”

讲完这段开头，我就安静地站在台上，微笑着环视四周，让听众能把我刚才说的话慢慢消化理解一下。接着，我会说，“我知道，今天在座的各位不是已经成为了百万富翁，就是正走在成为百万富翁的路上。是吧？”

这样的演讲开头总是能带来响亮的齐声回答“是”，每个人都开心大笑，点头赞同，表示自己的目标就是要通过个人奋斗实现一个富豪梦。这样的一段开场白之后，每个人都会睁大眼睛、专注地等着听你接下来要讲的内容。

## 联系时事

从时下的头版新闻故事过渡到你的演讲主题，举例说明你的观点。你可以随身带一份报纸到演讲会场，在你介绍这个新闻故事的同时也把这份报纸展示给听众，把其中要点内容大声背诵或是读出来给他们听，紧紧抓住他们的注意力，让听众迫切想知道你接下来的发言。

### 引用历史事件

多年以来，我一直研究军事历史，特别是那些伟大的将军们的人生和他们指挥过的战役，还有他们取得胜利的决胜战。其中一位我最喜欢的将军就是亚历山大大帝。

有一天，他们要求我给一屋子来自财富 500 强公司的经理们做关于领导力原则的演讲。我想到亚历山大大帝与波斯帝国大流士的一场决战。这是一个很棒的故事，能详细解释历史上这位伟大指挥者的领导力。我是这样开始自己的演讲的：

> 很久以前，有一个叫艾利克斯的年轻人。他在一个贫困的国家里长大，但在内心深处始终有一份雄心。从很小的时候起，他就决心要征服当时已知的整个世界。但是这其中有个小麻烦，已知世界中的很大部分都被一个巨大的“跨国公司”控制着。这个“跨国公司”就是由大流士二世率领的波斯帝国。为了实现自己的梦想，艾利克斯不得不从市场上的领导品牌那里抢夺市场份额，而这个市场领导品牌也坚决捍卫自己的份额。
>
> 在今天的市场中，你和你的主要竞争对手也面临着同样的情况。你希望运用你的所有技能去赢得未来的战役，争取更大的市场。

## 引用名人名言

你还可以从引用知名人物或近期出版物的名言开始自己的演讲。在这里，我也举一个例子：

> 今天，我将会讲一讲为什么有些人能比其他人赚到更多的钱。诺贝尔经济学奖得主加里·贝克尔（Gary Becker）说过，在美国，几乎所有的收入不均都是由知识和技能的差距造成的。所以，在接下来的时间里，我就要告诉在座的各位，你们怎样才能积累知识、培养技能，缩小这种差距，让自己在今后的日子里成为一名真正的业界翘楚。

还有另一个例子：我会讲到的其中一个主题就是坚持不懈的个人奋斗和职业发展的重要性。我会这样说："进入 21 世纪，知识和专门技术已成为获得成功的关键。篮球教练帕特·莱利（Pat Riley）说，'你的改变，如果不是变得更好，就是变得更糟糕。'正所谓，不进则退。"

## 重复最近的谈话

从讲故事开始，讲一个最近与某位重要人物谈话的故事。例如，我可能会这样说："就在几分钟以前，我还在大厅里与汤姆·罗宾逊（Tom Robinson）聊天。他告诉我，现在正是我们在这个行业耕耘付出的最好的时代。而我也正是这样想的。"

## 语惊四座

你也可以一开口就语惊四座。例如，你可以这样说："根据最近的研究，明年一年里，这个行业会比以往数年里的情势更为动荡、竞争更加剧烈，但也会有更多的发展机遇。如果不能快速适应新的变革，那么在未来的两年里，此刻正坐在我们这个房间里的人有 72% 都会转行去做其他的事情。"

## 引用近期的调研

演讲的开头也可以从近期的调研报告中引用相关的内容。例如，“根据最近一期《商业周刊》的报道，2007 年美国约有 9 000 000 位百万富翁，他们中的多数人都是通过自我奋斗取得的成功。这个数字到 2015 年又已经翻番。”

## 给予希望

法国哲学家古斯塔夫·勒庞（Gustave Le Bon）曾经写道：“一直以来，人类的信仰只有希望。”

当你通过有效演讲影响他人的时候，就是在给予他们一种希望。记住，演讲最根本的目的是启发人们的想法、感受和行动的改变。在没听过演讲之前，有些事或许你的听众不会去做。而演讲就是要鼓励和激发听众们在听过演讲后能够向前迈出一步，切实把该做的事情做起来。你期望听众采取怎样的行动，他们为什么会选择这样的行动，你在演讲中说的每一句话、每一个字，都要与此有所联系。

## 表现出幽默感

如果你天生是个风趣的人，那你或许还可以选择有一个幽默的演讲开头。你必须确保听众能理解你讲的幽默故事或笑话。因此，你应该先以选定的幽默笑话在其他人那里试验几次，确信有效后再用于正式的演讲。只有你自己也觉得这个幽默故事或笑话很有趣，你能够恰当地表现和传递这种幽默时，才可以用幽默的方式作为演讲开头，因为只有满足这些条件，听众才可能接收到你想要传递的幽默感。

某些最优秀的专业演讲者选择以幽默的方式开始自己的演讲。他们选定的幽默指向明确，切合演讲的需要，不但让听众开怀大笑，也能彻底抓住他们的注意力。但是，这是一种艺术，需要有特殊的人格才能运用自如。

还有一点也很重要。以讲笑话的方式开始你的演讲，虽然比较容易，但还是要慎用。我一度曾经每遇演讲必定用到笑话。后来我了解到，演讲的最初语言和表现也会设定后续的基调。如果我一开始就采用幽默的方式，听众就会假定我之后的演讲也是幽默风趣的。如果我话锋突转，变得严肃而深刻，往往会让听众糊涂，甚至失望。这一点，还需格外小心。

## 做一个表演者

比尔·戈夫（Bill Gove）是美国一位非常优秀的演说家。他每次在主持人介绍演讲嘉宾之后走上舞台时，都好像是刚刚正在与身边的人聊天，忽然要暂停下来对全体听众讲话，而带给听众的感觉就是他的整个演讲都是在继续刚才他与别人的聊天。

比尔经常走到舞台的边上，把声音降低，好像正与人密谋什么事，然后他张开双臂,请某位听众靠近他。此时他会说:“到我这里来,我跟你说点事。”然后让他靠近，就好像要告诉他一个会场里其他人都不知道的秘密。

令人惊讶的是，此时会场中的每个人都会向前探着身子，想要听听这个他就要讲出来的“秘密”。此时，人们会突然意识到自己在做什么，然后哈哈大笑。这是一种能让听众任你指挥的奇妙策略。

## 提问题，小调查

你可以先讲一段积极正面的话，然后提出一个问题让听众举手作答。你可以试试这样做:“在美国,无论你是生活还是工作,这都是一个伟大的时代。顺便问一句，在座的有多少人是为自己工作？”

你自己也要举手，示意听众像你一样举手回答你的问题。我用过这种方法，等有些人举起手来，我就会对坐在前排举了手的听众说：“在座的人有多少是真正为自己工作的？”

无一例外，每次听众中都会有人回答 :“我们都是！”

接着，我就会表扬并进一步加强这个答案:“你说得对！从第一份工作起直到退休，我们都是自己开办公司；无论我们的工资单由谁签字，我们都是为自己而工作。”

## 让听众互相交流

你可以让听众们各自转向邻座讨论某个具体问题。例如,你可以说 :“告诉你邻座的听众今天你希望从演讲中有什么收获。”

无论你让听众做什么事，正常情况下他们都会认真照做。你的指令和你的领导力可以很轻易地就对他们产生影响，只要你对他们提出要求时充满自信。

## 以问题开头

你还可以从一个需要解决的问题开始你的演讲。如果这是一个所有人共有的问题，你就迅速让听众给出答案，不要让他们分心。例如，你可以说:

> 在婴儿潮时代出生的人当中足有 63% 的人将面临尚未攒够足以供有生之年生活所需的养老钱就要退休了。我们必须要解决这个问题，并且及早采取行动，以确保所有人在退休以后都能舒服地度过余生。

## 评论并提问

先发表一段语气强烈的评论，继而提出一个问题，这也是开始演讲的一种方式。在这之后，可以跟进给出你自己的答案，并继续提出新的问题。这种方式能让听众快速进入状态，认真听你讲的每一个字。例如:

> 在我们的社会里，大约 20% 的人拥有了 80% 的财富。你是这 20% 的人口中的一员吗？如果你还不是，那么你想不想加入这 20%，甚至更

进一步，成为最顶层的那 10%？那么，在接下来的几分钟里，我将给你提供一些方法，帮你成为这个社会中拥有最高收入的那群人之一。把这个作为我们今天在一起的时间里要达成的目标，怎么样？

人们从婴儿时期开始，逐渐适应了当被问到某个问题时就做出回答，这是一种有趣的心理现象。无论你问什么问题，只要提问，人们就会不自主地、自动给出答案，哪怕只是自言自语地回答。

当你问他们“这里有多少人希望自己的收入能在明后年里翻番”，几乎所有听众都会本能地、不自觉地举起手来，大声回应表示同意。

无论何时，当你提出一个问题，之后都要暂停几秒钟，让人们能够仔细考虑一下。你要全面把控会场内的局面。事实就是，谁提出问题，就由谁把控谈话和被提问的人。

即使人们没有大声回答你的问题，他们也不是刻意回避你的问题。有时候，我会问一些很常见的问题来证明这一点，例如我会问：“你的车是什么颜色的？”

每一位听众都会自动思考问题的答案。我问“你的地址是哪里”，人们会自动、无意识地想到他们的家庭住址。但是，如果没有被问到任何问题，他们就不会给出任何回答。

## 以故事开头

可以在演讲的最开始给听众讲个故事。最有影响力、也最能吸引听众全部注意力的语言之一就是“从前……”

从婴儿和孩童时期，人们就喜欢听各种各样的故事。当你用“从前”这样的字眼开始你的演讲，你就告诉听众接下来会给他们讲述一个故事。听众会立刻精神起来，像孩子围坐在篝火旁一样聚精会神，全场也变得鸦雀无声。当我有全天的会议安排，在茶歇时间之后还希望听众们回到座位上继续听讲，我就会大声地说："从前有一个人，他就住在这个城市……"

我一讲完这句话，听众们很快就都回到他们的座位，开始专注地等待我继续讲后面的故事。

## 搭建沟通桥梁

演讲开头最重要的一点是要在演讲者和听众之间搭建起一个沟通的桥梁。你可以找一些你和听众之间的共通之处，以此作为你演讲开头的内容。可以从听众所在的行业里，找一件你现在正在从事或以往有过经验的具体工作入手。你应该也有孩子，就像孩子们那样做，事先了解一下听众所在城市的情况，或是把自己当成该城市足球队、棒球队的粉丝。你甚至可以把听众在生活和工作中面临的困难和问题也当作自己的困难和问题，想听众所想，急听众所急。

花几分钟时间在听众与你之间搭建这样有助双方沟通融合的桥梁，你能很快跟听众打成一片。他们还会把你看成是"他们中的一员"，对你讲话的内容和做出的评论都抱以更加开放和包容的态度，对你偶尔的疏忽错误也会更加宽容。如果你与听众在某方面有相同或相似的背景，他们不但会认为你知识渊博，还会觉得你容易沟通，能够理解他们。

## 谈谈你自己

在给商业人士、市场营销和企业客户演讲时，我经常会说一句话："我高中没毕业就开始工作了。我的家里比较穷。我在人生中取得的每一项成就，都必须依靠自己的努力，还有非常有限的来自别人的帮助。"

用这样的话作为演讲的开头，在演讲结束后总会有很多人走过来跟我讲他们自己的人生经历。人数之多足以令你咂舌。他们告诉我，听到我这样讲他们很快就接纳和认同了我这个演讲者，因为就像我和很多其他人一样，这些听众也是在没有学历、没有资金的情况下白手起家的。当然，这样讲的另一个结果就是听众对我讲话中的其他部分也都更加包容和认可。即使我要讲上一整天，他们都会觉得我说的每一句话都很真实可信，远比我在演讲开始时以一个成功人士的形象露面要更加值得信赖。像这样在听众与你之间搭建沟通桥梁的方式能够非常有效地把你和听众融为一体。

**演讲小秘籍**

让听众感受到一个有力的演讲开头，这是一种可以学习的能力和技巧。学习如何组织构建整体介绍部分、如何登台亮相，都会影响到你演讲的成与败。找对方法，以热情亲切或是富有冲击力的方式开始你的演讲，让听众在开讲 30 秒之内就完全为你所吸引。这就是你的目标。

# 第 5 章

# 掌控小型会议演讲

高效之人总是在讲话之初就表明他的目的及所能达成的效果，也会在讲话结束时对此加以强调，并把演讲结论与意图呼应起来。

彼得·德鲁克

你在小型商业会议上的演讲和说服能力，对你的人生和职业都会有巨大的影响。在商业领域里，别人会持续地对你进行评估。他们会有意或无意地评价你的个性、品格、能力、实力，以及信心指数等，给出或高或低的评估。因此，你必须把商业会议看成是你职业发展中的重要活动，对于任何一次有两人以上听众的会议，都不能轻易放过，特别是各种会议占用我们的管理时间足有 50% 之多，而在多数人看来，因为准备工作和组织工作不到位，这些时间中有 50% 都被浪费掉了。

彼得·德鲁克曾经说过，“会议是一种基本的行政工具”。任何要对结果负责的人都可以被定义为行政管理者。根据这一定义，实际上每个人都在一定程度上扮演着行政管理者的角色，其中也包括你和我。

## 重要的小型会议

你们有很多演讲邀约都是要为少数几个人做演说或发表讲话，有时候甚至只有一两个人。这样的会议通常与会议讲话或演讲一样，也要认真准备、周密策划。你在现场的表现同样可以成就或是断送你的职业生涯。

几年前，我为一家大公司做过一次策略规划演练。公司把高级行政经理从世界各国的分支机构找过来。在会上，几位来自总部的高级经理显然心不在焉，不重视这个正在进行的策略规划会议。但是有两位从很远的分公司赶来的年轻经理，他们对讨论环节提出的每一个问题都充分准备、积极参与。

一次茶歇时候，我向公司总裁简要汇报了会议进行的情况。他告诉我：“你注意到那两个年轻人对这个会议的贡献有多重要了吧。”所有人都看得清楚，这两个经理比其他任何人都准备并参与得更深入。显然，这两个年轻经理给他留下了深刻的印象。

大约一个月之后，在地方报纸的商业版上，我看到一则公告，那两位年轻经理升职为公司副总。多年以后，其中一位还成为一家资产过亿的公司的总裁。他作为一个年轻的管理层在那天会议上的表现不但让当天所有人都记住了他，也使他的整个职业生涯由此受益。

在以后的几个月里，那家公司又宣布了一个消息。当时会上那几位一言不发、毫无贡献的总公司的高级经理们“提早退休”了。他们在这家公司的职业生涯就这样落下了帷幕。

## 充分准备

能给人留下深刻印象的会议起步于充分的会前准备工作。一场演讲是有备而来还是仓促上阵，到会的听众都能立刻识别出来。

如果你负责会议的组织管理，那就要认真制订计划，准备一份日程表，选定需要邀请的嘉宾并告诉他们希望要为此次会议做哪些工作。把会议当成是你经营的事业的一个重要部分，因为它的确如此。

如果你只是一名会议的参加者，那么你也要为参会的事项有所准备。确定你的参会目的，还要确保你对会议能有所贡献。很多人参加商业会议，开会的时候他就只是静静地坐在那里。但是，很不幸，在会上一言不发就会被人认为无话可说。这可不是你想传递的信息。

## 座位的重要性

尽量早一点抵达会场以便能仔细选好座位。如果这是你负责的会议，你自己就该背靠墙壁、面向入口而坐，以便你能在视觉上对整个房间有所掌控，可以看到进进出出的每一个人。在我主持会议的时候，特别是当来宾是重要人物的时候，我会特别为每位嘉宾都安排座位，这样才能确保重要人士都坐在重要的位置上。

如果是由别人组织会议，那么你可以为自己选择一个面对门口，在会议负责人斜对角或正对面的座位。如果你不能确定，就问问会议负责人他或她希望你坐在哪。但是你还是要能够观察屋内的情况，让座位对你有利。不要害怕问别人你是否可以坐到某个位置上，你也可以与人调换位置以便自己能靠墙而坐，或是做到某个能与会议关键人物有眼神交流的位置。要对会议有所贡献，成为当天给人最深印象的嘉宾，坐到前面这些都是最为重要的。

### 准时

准时开始。如果有人迟到，那么就当他不会再来，让其他人都能准时开始。感谢嘉宾的光临，并说明举办会议的原因，介绍会议的日程安排，以及会议将如何进行。告知大家会议结束的时间，以便所有人都知道何时可以离席。

## 会议的类型

常见的商业会议有 4 种不同类型，包括：

- 解决问题型。会议目的在于讨论一个问题，并就会议的解决方案达成一致。
- 分享信息型。会议目的是分享新的信息，宣布某件事，并确保每位与会者都了解这一最新变化或任命。
- 新品发布型。会议目的是让到场嘉宾和听众都了解某公司的计划已经、将要或是可能提供市场的新产品或新服务。
- 团队建设型。会议目的是要把团队成员聚在一起，各自谈谈他们正在做什么，未来希望如何发展。团队建设型的会议是一种培养团队精神的有效形式。团队精神是一家公司的根本。

## 会议负责人

如果你负责会议组织工作，就要详尽准备各项工作，向与会者分发材料，告知对方你希望他们在发言中涵盖哪些重点方面。如果要演示幻灯片或展示挂图式书写板，还要事先做全面测试。确保一切所需物件齐备，让会议举办专业而顺畅。

你的会议日程应该首先从最重要的事项开始。这样的安排，即使是因为某个环节的讨论延时导致整个会议超时，会议只完成了既定日程的 20%，已完成讨论事项的重要性也可达到 80%。

## 活跃参会者

如果你只是一名参会者，那就注意提问题、讲话发言，还有就是在最初的 5 分钟里明确自己的立场。在一般参会者看来，在会议开始的 5 分钟里讲话的人往往是会议中重要的、统治性的角色；直到会议后半程还没能发言的人则往往是被忽视或被认为不是很重要的人物。

会议无论大小，都是以某种具体行动为目标。当小组对某一事项进行讨论时，无论你本人还是其他与会者，都应该坚持不偏离这项讨论或是共同协议决定将要采取的行动。

### 自愿承担责任

积极参与的方式之一就是协助完成一些必要的工作。每个组织和团队中，都是由 20% 的人做了 80% 的工作。号召采取行动和自愿承担更多责任的参与者，会被所有人视为最重要、最有价值的团队成员。

当某个议题讨论完毕，你就应该问一句："这一项的行动计划是什么？我们接下来该怎么做？"你可以举手，表示你愿意为各项议题的相关行动计划负起责任。你越是自愿主动，在参会的重要人物看来你越是显得有价值。

### 提早准备

当你想要为会议贡献某方面的信息，你总是要使用 PREP 模式。从你的观点开始，举出支持这一观点的理由，再举例说明为什么你的推理是正确的，最后再度重申你的观点立场，完成整个论证。这是一种极为有效的方式，能给会议组织者和参加者都留下深刻的印象，让人感受到你的准备工作充分而深入。

## 劝服他人

对你来说，会议成功的关键就是劝服。你可以借此引导谈话的方向，让你的参与影响最终的决定和结论。

在会议中劝服他人，必须让与会者都喜欢你。要让别人喜欢你，首先你自己必须是可爱的。人们必须愿意支持和赞同你的想法或主张。提升自身影响力、劝服他人支持和赞同自己，做到这一点并不难，关键就在于让人们感觉他自己是重要的。

有六种方法能让他人感受到自己在会议中或其他社会、商业环境里具有重要价值。如果你想通过演讲获取成功，这些都是根本技能。

**接纳**。人类一项最深层次的需求就是被他人无条件地接纳。当来宾走进会场或是发表观点时，你可以通过微笑、直视对方，或是两种表情兼有来向对方表达你的接纳，对方就会感到自己有价值、很重要。这样做可以提升他或她在潜意识里的自尊感，让他们想要支持你所提出的建议和想法。

**感激**。因为他人说过的话或做过的事情向他们表示感谢，每一次你这样做，都会提升对方的自尊感，也就增加了你在他们眼中的可爱度。向他人表达感激最简单的方式就是说一声“谢谢”，这种感谢可以是因为对方做过或说过的任何有帮助、有意义的事。你可以感谢人们的准时到来，也可以感谢他们为你提供了一条信息，还可以感谢他们对你提出了建议和意见，纠正了你的错误。

无论在什么时候，当你对某人或某事表示感谢，都是鼓励他们重复之前的行为，贡献更多的力量。当一个人被感谢，他会觉得自己更有价值、更受尊重，也更加重要。“感谢”这个词拥有强大的内在力量，能够增加他人对你的喜爱，让人们愿意配合你做事，支持你的立场。

**赞美**。亚伯拉罕·林肯曾经说过，“每个人都喜欢赞美”。当你因为别人做的某件事或是他拥有的某件事物而称赞他时，人们都会感觉自己很重要、很有价值，当然他们也就会很喜欢你。

不断寻找机会赞美他人。你可以赞美对方的手提箱、钱夹或是钢笔，也可以赞美他的服饰仪表。如果他在讲话中谈到了某条信息，你也可以对此表示称赞。甚至面带微笑、点头示意这些传递欣赏的方式，都能让人感觉自己受到重视。当你再提出你的想法和意见时，他也会喜欢并愿意支持你。

**认可**。你可能听说过这句话：“婴儿为它哭闹，成人为它而亡。”人们需要来自他人的认可，特别是那些他们尊敬和敬仰的人给予的认可。无论出于何种理由，你对别人每一次的赞扬和认可，都会让对方备感自尊自信，使他的个人形象得到提升，他的自我感觉以及对你的感觉都会变得更好。

认可他人关键是要把握时间和事由。当人们为集体做了贡献或提供了有价值的信息，要立刻给予表扬，你可以说“这件事干得漂亮”。你的表扬应该明确具体，例如“这些数据让人眼前一亮，看起来很棒”。

你给予别人的表扬越多，对别人的工作和贡献肯定和认可得越多，人们付出的努力也就越多，贡献也会越大，而他们对你的喜爱、对你的观点意见的支持也会相应增加。

**关注**。人们总是关注那些他们最看重的人和事。就如这句话所说的，生活是对注意力的研究。无论何时，只要你高度关注某个人，他或她都会觉得自己有价值、受重视。对别人表示关注的关键就是要在他讲话的时候认真倾听，不要打断对方。你可以直视对方，不放过他讲的每一个字；点头微笑表示赞同，就好像他说的都非常重要、非常有见地。

当别人感觉你正认真听他讲话，他们的自尊感会增强，大脑中释放出内啡肽，于是他们会感觉更幸福、更积极，对自己、对工作皆是如此。他们会将这种愉快的感觉与你联系起来，而你对他们的影响力也由此显著增加。

**赞同**。在任何会议上，无论参会嘉宾是多少人，甚至你对其中某些人的观点也并不赞同，你都可以在会议最后对大家做出一个整体的肯定。

当别人发表意见、陈述观点，你却并不赞同，不要挑战对方（这会让他对你产生防卫，甚至生气），你可以这样说："这一点很有趣。我之前没有这样想过。这跟我自己的想法有点冲突，但是我愿意进一步了解一下。"

如果你必须要表示不同意，可以采用一些"第三方的否定"。不要说"我不同意你的说法"，你可以说："这一点很有趣。但可能有人会说……挑战这个观点，那么你会怎么回答？"

换一种表达，把你的否定和不认同以某个并不存在的第三者的口吻说出来。让对方与这个并不存在的第三方辩论，为他自己的观点辩护。这将为对方减轻压力，让他不必有任何后顾之忧，放松为自己的观点辩解。

## 避免批判和否定他人

如果你就是会议组织者，那么你就有很大的权力。每个人都会尊敬或服从会议的组织者。无论是正面还是负面，你说的每一句话都会被放大或增加。

当其他人为会议服务付出时，你应该点头微笑，对他们表示支持。人们在会议中与人相处，就好像是站在舞台上讲话一样。会议室里任何人的任何评论，特别是那些资深人士的反馈意见，都会使被评论之人成为众人的关注焦点，他或是感觉自己的确有价值、颇为重要，或是变得敏感脆弱，总是对人抱以防范之心。因此，你要格外留心自己的言行。

即使你的批评只是轻描淡写的一句话，或是一竖眉、一撇嘴的小表情，所有与会者都能看得到，并由此感到自己被贬低了并产生不安。你必须利用会议领导人的特殊地位给以巨大关心和关注，让这些参会者保持自尊自信。不管是赞同还是反对他们的观点评论，你都不要为这些所累。

如果你对某些人在会上的言行有所不满，在他人面前也要保持冷静和积极，把敏感问题留在“线下”解决，可以在会后与相关人员单独约见。规则就是在公开场合表扬鼓励，私下再谈具体评价。

## 避免沟通障碍

当你与人面对面而坐，例如隔着桌子相向而坐，家具也能变成在空间或心理上阻碍沟通的屏障。这在潜意识里暗示你与对方处于对立的位置，你们的观点看法相互对抗。

要打破这种僵局，最好的办法就是做到会场内关键人物的斜对角位置。当你与人相邻而坐，而不是坐在相对的位置上，那层看不见的心理屏障就会坍塌，你们的沟通也会更带有温情和友善。直接告诉会议组织者你不想坐在与他相对的位置，而是希望被安排在他的邻座，可以与他有目光交流。明确提出这个请求，不要害怕。

在我的所有经历中，我提出的这种请求从没有被坐在对面的人拒绝过。多数情况下，他虽然没有想到这一点，但却很高兴我能自己提出来。

**演讲小秘籍**

在不同的领域里，专业的标志就是准备工作。你的会议准备得越充分、越彻底，你在会议上的表现就越能给人留下深刻印象，你的演讲效果也就越好。任何会议都要好好准备，即使你只与一个人开会，也不可松懈。

机会总是光顾有准备之人。毫无准备的参会之人也会错失良机，甚至毫无机会可言。

你的工作是利用每一个演讲机会赢得重要的信任。你的目标是在每一次谈话中都表现得像一位重要参与者。你的目的是要劝服他人认同你的观点，以此改变你周围的世界。每一次举办或参加会议，你都运用多种技术充分进行会议准备工作，人们也会从中感觉自己颇受重视。

# 第 6 章

# 掌控小型演讲和谈判

你能为他人做的最大善事，不是分享你的财富，而是帮他发现他自己的财富。

本杰明·迪斯雷利

演讲制胜，多数机会都是在小型的商业会议上。正如我们在第 5 章中讲过的，了解如何高效地领导和参与一场会议非常重要。在会议中，你经常需要演示介绍自己的观点、产品或是某项政策，说服其他人认同你的想法，支持你倡导的行动。

因此，如果商业会议是行政管理者的基础工具，那么会议中的演示可能会更为重要。小型会议的听众有时就是掌握实权的决策者，而很多人都是因为一次令人印象深刻的演讲演示就改变了自己的职业方向和所属企业。这些你也可以做到。

## 小型演讲能成就也能断送你的事业

每次你在做小型演讲时，想象一下你的未来和事业还是悬而未定，想象这次会议是要将你的表现录影，再播放给上千人观看，想象某处有一台隐藏的照相机正在拍摄你的演讲，并与全国各地的人们分享。

换句话说,就是要认真对待你的演讲和演示。你对待演讲的态度越严肃，听众对你的反馈也会越认真。

在任何规模的会议中，准备工作都是成功的关键。无论你是成功还是失败，你获得的最终结果足有 90% 要归因于此。正如一位顶级律师曾经告诉我的：“我不相信会有准备过度的情况。”

## 明确最终目标

确定你的演讲目标，把这一目标视为理想并对自己提问：“如果这次会议圆满举行，会产出哪些最终成果？”

边思考边记录。把一场完美执行的演讲可能实现的最好结果逐一写在纸上，把这些你可能达成的理想愿望和目标都记在头脑里。你对一场演讲的预期产出思考得越清晰，演讲的准备工作越容易，你达成最终目标的可能性也就越大。

## 一切都是一种谈判

当你要举行小型演讲说服他人支持你的时候,你就进入了一种谈判形式。

每个走进会议室的人都有他自己的想法和愿望。你的目标是让所有人都能聚拢到你个人的观点上，说服他们支持你的建议。这就意味着你必须逐步改变他们的想法，在某些时候，这种改变还是彻底的改变。

## 像律师一样思考

采用“律师的方法”准备你的演讲和演示。律师们在准备自己的案件辩护词之前会首先按照对手的立场和思路做功课。为了做到这一点，你可以先思考一下在其他参会者看来有哪些是与你想要达成的目标相对立的，把这些相反的意见写下来。最好能够写得具体明确，标注清楚，哪些内容对哪一位听众来说是反对的意见或相反的观点。

## 渴望与恐惧的不同

每年我都与一家大公司的高层行政管理者们谈判一到两次，我一般会先写下我所了解到的他们的顾虑以及这些顾虑背后的原因。其中大多数的问题，我知道他们并不想改变。这种情况在你的演讲中十分常见。人们习惯于走入自己的舒适区，拒绝任何推动自己走出舒适区的尝试和建议。

恐惧与渴望是购买行为的两大驱动因素，几乎任何做出改变的决定背后也都是受这两大因素的影响。对于时间、金钱、名誉、竞争优势、市场份额、发展机会，还有其他很多东西，人们既害怕失去，又渴望得到更多。

心理学家告诉我们，对事物的害怕和恐惧驱动改变的效力更强，是因渴望而改变的 2.5 倍。这就意味着，在说服听众接受你的观点时，强调“拒绝”可能带来的损失比强调“接受”可能带来的好处会更加有效，二者的差距有 2.5

倍之多。然而，多数时候你为听众提供的主要利益还应该是后者，即他们将从你的观点想法中有所收获。主要原因就是任何人做任何事都是围绕“提高”一词。人们之所以会采取行动,是因为他们相信这样做自己会变得更好，相信改变一定比一成不变的结果要好。

因此，即使你是用“恐惧”心理促使人们去作出改变，也就是告诉他们你可能会有所损失、会因此尴尬丢脸、会被人拒绝、批评、否定，甚至被嘲笑等，你都是在告诉听众，如果听了你的建议，他们的各种恐惧害怕的情况都会有相应改善。

## 了解会议嘉宾

为小型会议做演讲，往往是要与截然不同的几种性格的人打交道。这就意味着你所面对的每个人都有各自不同的恐惧与渴望，而且程度也各不相同。你对听众想要实现的愿望和担心害怕的体验知道得越多，你准备讲话发言和安抚他们的顾虑也就越容易。

至于我之前提到的那些公司，我知道那些行政经理们都有很强的排斥心理，他们虽然排斥变革，但是也强烈渴望提振销量和利润。因此，我总是将重点放在一个增加销量和利润的案例上，然后缓解他们害怕失去的恐惧情绪，我提议以低成本或零成本进行测试，看这样是否能够获得适当收入和利润。

经过多年实践,我发现人们通常会对有限风险的测试持比较开明的态度。另一方面，他们对拿巨额资金去测试一个从未测试过的想法会表现出极度焦虑。

### 理解共同的恐惧

很多成年人都害怕被人操纵或受人利用。他们害怕被人催促；害怕被人胁迫着做了与他们的短期或长期利益相矛盾的事；害怕被人强行推销、强卖他们不需要、不使用，也支付不起的产品、服务，或是观念想法；害怕接纳了某种建议后结果自己反倒变得比以前更糟糕。

人们都有这些恐惧，因为从童年时起，人们就被叮嘱和唠叨着做这做那，或是不许做这做那，而最终证明结果并不好。也是从童年时期开始，人们就被各种各样的人所利用。结果就是他们对任何想要尝试规劝他们做某事的人都有一种近似巴普洛夫式的反射。他们会不由地产生怀疑、表示疑虑。每一次被人利用或是感觉自己在指挥棒的另一端时，他们在显意识和潜意识里都会对自己说："绝不能让这样的事再次发生了。"在你准备小组会议和演讲时，应该充分考虑到这一点。

### 减少抵触

任何时候当你要为介绍新的想法、新的产品或服务做演讲，都会触动听众头脑和内心里恐惧排斥的念头，让他们不由自主地产生怀疑和抵触情绪。在讲话的同时，你还要尽一切可能减少这种抵触和排斥心理，消除他们的顾虑和怀疑。

这时候可以采用苏格拉底演讲法：当你想要向某人或是某个群体介绍一种新的事物，永远要从所有人都表示认同、毫无争议的事情原本的真实情况入手。之后再运用这些事实引出新的事物，引入人们可能不太认同的领域。

## 进行大额交易谈判

在与一群人洽谈某个大合同时，我经常是一个人坐在会议桌的一侧，而桌子另一边坐着 6 到 10 位不同的官员或高级经理。我总是会采取一种屡试不爽的策略。

我会先从一份 30 页、40 页甚至是 50 页长的合同或开发协议开始。事前我会非常仔细地查看每一项条款，并将其中哪些条款对我重要、哪些条款对对方重要全都熟记于心。然后便可与对方逐一商谈这些条款，一项一项、一段一段，就每一点或达成一致或保留分歧。

其实，约有 80% 的合同条款都属于范本合同内容，是毫无争议的部分。从第一页到最后一页，我们逐项商洽后，就所有无异议的部分都达成一致。每当谈到某项争议条款时，我会与对方短暂地讨论，了解他们的立场和想法后，我会说："为什么不先把这一条放到一边，稍后我们再回来单独谈这一条？" 于是我们会继续谈后面的各项内容，步步推进，把所有争议性条款都搁置一边，以免整个谈判受到打扰。

有一次，我们讨论全部条款，对其中大部分双方都达成了一致后，再回到最初有异议的几点。我们尽可能深入全面地讨论了这几点内容。如果其中某一项是特别容易引发情绪的，我会再次建议把它放到一边。

第二次过完以后，对最初有争议的 20% 的内容，我们也已经解决了其中的 80%。此时剩下来悬而未决的部分就只有全部条款的 4% 了。

至此，我们双方已经就合同 96% 的条款和子项目相互认可。每个人都积极解决问题，有一种不断向前推进的感觉。现在，我们可以回到悬而未决的问题，少一些情绪，多一些开放和包容，再度展开深入的讨论。

## 4 的规律

在谈判中有一个"4 的规律"。这个规律是说：在任何谈判的过程中，都要讨论并解决 4 个主要问题；谈判的双方要想最终达成一致，也都要对这 4 个问题有各自不同的价值和优先性排序。

例如，如果一方担心价格，另一方忧虑质量或交付速度，那么谈判就能进展顺利并得出一个满意的结论、一个基于持久可信的交付速度和质量的双方认可的价格。如果双方对同一问题，例如价格，各持己见，谈判就可能陷入僵局。

在开始讲话之前，你的工作就是要分析出你最终想要具体讨论的 4 个主要问题是什么，并确定你可以怎样抵消、平衡或补偿对方担心的主要问题。在对方看重的问题上给予补偿，才可能在自己看重的方面有更多所得。

## 演讲与谈判：相同的基本原则

在小型会议上讲话发言的过程或许不像一场持续两三天时间、投入巨大、利害关系复杂的谈判过程那么冗长和激烈，但是二者的基本原则还是一致的。如果你想让会议推进下去，就必须通篇考虑会议各方参与者的诉求和顾虑。你需要精心策划整个演讲，以求最终能达到你的目标。

### 纸上的思考

要做好一场商业演讲，首先要学会在纸上思考。写出一个聪明人接受或不接受你的观点所能给出的所有反对意见，再对每一项反对意见写出一个或几个符合逻辑的答案。

当问题、诉求或反对意见都浮出水面，你要以巨大的敬意对待它们，并且认真思考怎样才能最好地解决这些问题。向别人表达你的接受、认同和欣赏，然后展示你针对反对意见得出的想法和答案，就像是几秒钟之前刚刚顿悟那样把你经过慎重思考得到的想法讲出来。

### 保持通情达理、和蔼可亲

无论听众对你的观点和想法有怎样的顾虑、抵触，即使是持明确的反对意见，你也始终要以友好、礼貌、得体的态度回应他们。不要火上浇油。你对待人们的这些质疑和反对的态度越低调、越友善，人们对你提出的观点也就越开放。记住这句话：“再苦的药丸，一勺蜜糖即可吞下。”

当你在小型会议上讲话时，切记讲话不是戏剧里的个人独白。讲话是一种对话，要呈现观点，并有所归纳和总结，还要引出其他参会者提问或给出评论。

## 共同参与

在会议进行过程中，其他与会者参与讨论的程度越深，你对他们所思所感的了解和把握也就越准确，他们最终对你的讲话发言表示认同的可能性也就越大。

团体动态有一个特点是你在演讲中应该特别注意的，就是要让团体中的每一位成员感觉你对待他或她的方式是与对待其他集体成员完全相同的。

## 团结一致

当你以友善和敬意善待团体中的某一位成员时，其他成员会感觉自己也同样被善意对待着。每一位团队成员都认为自己是团队整体的一部分。相反，如果你缺乏耐心，以烦躁易怒的态度对待某一位成员，那么团体中的其他成员会感觉你是以同样恶劣的态度在对待他们。切记这一点，并留意自己的言行。

## 明确层级关系

虽然是要公平对待每一位团体成员，但是在小型会议上发言讲话，有时候也要留心利益团体成员之间的层级关系。在多数团体中都会有一个人比其他成员的地位更为重要。他或她的意见，无论是以口头还是书面形式表达，都比其他成员的意见有更重的分量。

从最高级别人物到普通成员，优先权利依序递减。最高级别的团体成员重要性最高，依序往后是次高级别和第三级，直至地位最低的参会者。

想要通过讲话发言给人留下深刻印象，你必须清楚地了解谁是分量最重的参会人、谁负责阻止你的演讲，这样你才能与群体中最有话语权的人士持续对话。有些时候，重要人物很少说话;但另一些时候，他们也会说得很多。

### 不同的尝试

最近我去过一趟波斯湾，领教了阿拉伯世界的谈判技巧和策略。我发现在阿拉伯地区的任何一次会议中，总是安安静静坐在那里、最少发言的那位先生往往就是整个会议室里地位最高、最有权力的那个人。而说话最多、问题也最多的那个人就只是个信使，在谈判中往往权力最小或是影响力最低。如果我不了解这一点，就很有可能会被说话最多的那一位一下子抓住我的注意力。

在西方人的谈判中，地位最高的人有可能说话最多，也可能说得最少。任何时候，了解谁是关键人物并尊重他的意见十分重要。你在发表评论时，首先要对着这位关键人物讲话，然后再看向会场里的其他人，并用目光与其他重要人士进行交流，每次只看一个人。目光交流之后，再看回那位关键人物，确保他或她跟着你的思路，并理解你所陈述的观点意见。

## 在双行道上讲话

在谈话过程中，人们发表意见的总量与其对最终协议信守承诺的情况之间有一种直接相关性。例如，当你与全体成员谈话时，请他们提问、评论、发表同意或不同意的看法越多，他们对人们的最终决议表示认可的也就越多。

如果人们对你的发言不评论不提问，也就意味着他们对此无意承诺，只是听听而已。因为如果他们一言不发，就避免了参与任何该次会议做出的决议，也就逃避了执行决议所应承担的任何责任或应采取的任何行动。

通用汽车公司的创始人之一阿尔弗雷德·斯隆就经常召集一群行政经理一起讨论公司的新产品或新政策。在会议结束时，他总是会问大家：“对刚才这些想法，你们还有什么问题或意见吗？”如果没有人提问，或是所有人都对刚刚谈到的想法表示认同，斯隆就会说：“显然这个会议室里的人们还没有理解我们正在讨论的这个问题的重要性。如果大家都同意，那么我们必须稍后再召集一次会议。到时，我希望在座的每个人都能提出具体意见或是不同看法。”

就像其他很多行政经理和演讲者、主持人看到的情况一样，斯隆发现，如果此时没有人说话，或是所有人都表示认同，那么其实根本没有人认真思考过会议所讨论的提议或想法。这就意味着他们只能在会议结束之后才真正开始思考讨论中的各种分歧，而这种滞后的思考对所有的努力将是一种破坏。

## 占据有力位置

在小型会议中发表演讲要注意房间内的合理布局，以便你能占据背靠墙壁、面向入口的理想位置。这样安排位置，即使人们进出房间也不会打扰会议的进程，你也能看到所有人的情况。

小型会议演讲最好的布局是U字形座椅摆放，就是你站在U字开口的位置演讲，其他人都顺着U字的位置而坐。这样的座位，几乎每个人都能看到其他人，可以隔着桌子彼此进行目光交流。

这种座位布局与听众肩挨肩、排连排、面对演讲人而做的布局截然不同。在后一种座位布局中，听众之间缺乏或根本没有交流和分享观点的机会，甚至微笑、皱眉、耸肩彼此都看不到。所以无论如何都要尝试按照合理布局安排座位，让参会者彼此都看得到，更重要的是让大家都能看到你。

当我讲到策略规划部分的时候，我会让所有的经理人都坐在 U 形桌的外圈。当我提出一个观点或问题时，我会沿着桌子走一圈，请他们逐一评议我的观点或回答问题。多年来，这个方法总是格外成功。它让每一位参会者都有机会讲出他的想法或顾虑，让其他参会者也都有机会观察和倾听其他演讲者表达自己的想法。在我循着 U 形桌走一圈时，我对自己所讲的许多观点都会进行丰富而深入的讨论。

## 确定下一步行动

有一点一定要记住，演讲的目标无论大小，都是要就某一项行动达成一致。随着对话的不断推进，你应该不断提问："我们现在应该采取什么行动？针对这个问题我们应该采取什么行动？如果我们在这个问题上有了统一意见，那么下一步该怎样做？"

当你面对小型群体演讲，需要采取一系列不同行动，一个根本的任务就是要让整个群体就由谁来对行动负责、相关行动应在何时完成达成统一的意见。很多杰出的演讲在结束时各方都一致决定要采取某项行动，但最终却一事无成。这往往是因为会议并未对具体的任务、完成任务的时间等有所安排。

即使你必须不断重复，用固执的语气发号施令，让所有人对由谁来对行动负责、相关行动应在何时完成等达成统一也是非常重要的。它是演讲和会议的终极目标。你跟进开展工作的能力、确保这些行动按计划执行，也是你能带给演讲和前期策划工作的附加价值。

## 视觉与听觉并重

在任何一个团体中都有大约70%的人是主要依靠视觉获取信息的，另外30%则主要依靠听觉学习新的信息。这就意味着演讲中约有70%的听众是视觉学习型，需要能够看到事实、观点和各种图解说明，以便能够理解你讲的话，并对信息进行处理；另外30%听众则是听觉学习型，更擅长从听讲中了解信息并加以处理。

这样一来，如果你依靠图示讲解你的观点，将有70%的听众能够理解。你可以把演讲日程写下来方便这些听众随时跟进，也可以用幻灯片陈述你的主要观点，用大屏幕演示出来，配合演讲，边讲解边演示，每次只列一个要点。

你还可以使用白板或挂图，把演讲的要点写在上面，或是把要点衍生的过程和你演讲的结论通过图示表现出来。让依靠视觉获取信息的人们能“看到”演讲的演进过程，他们就会感到放松和舒适；而依靠听觉获取信息的人们，虽然他们能看到文字或图形材料也会感到愉快和满足，但是他们更希望能听到你的讲解，也会就某个词语的具体含义向你提问。对于这些，你都要事先有所准备。

## 演示、介绍并提问

以前我在研讨会上做演讲，都是采用挂图形式，后来逐渐开始使用白板，现在我已经用上了高射投影仪，或是一种叫作ELMO的设备。有了这些设备，我就可以一边在身后的大屏幕上投影，一边把关键点写下来。

在演讲的同时，我可以列表、画图、圈出某个数字，还可以做各种各样的标注，把我想要讲的重点通过视觉辅助的形式呈现和突出出来。如果我想强调某个词语或概念，也可以把它们清楚地写下来，通过投影让所有人都能看得见。

最终的结果是，听众们做了大量的笔记和记录。只要你写点什么，听众就会立刻知道这个内容很重要，于是他们也会赶快记录下来。这种方式能让听众时刻保持积极的状态，在你演讲过程中全程都认真参与。

如果你只是不断地说话，没有任何写出来的资料或图解图示，即使最聪明的头脑在你结束讲话之前也会忘记 80% ~ 90% 的内容。但是如果你边说边写，就能同时抓住视觉学习型和听觉学习型两类听众的注意力，让你的演讲对每个人来说都是一种更有趣、更享受的体验。

## 理解才能避免误解

当听众对你提出问题或是有所评论，除非你对这位听众的问题或意图一清二楚，否则你有两种选择，其中任一方法皆可。第一种方法，重述一遍听众的问题或评论性语言，在你给出回复之前先在自己头脑中清晰地理解其含义。你可以这样说："你是问这个问题吗？"

另一种方法就是请提问者以一种能够让你更好理解问题含义的方式重述一遍，同样可以帮助你了解对方提问的准确含义。你可以采用这样的提问："你确切的意思是……" 如果在你这一方有任何理解上的不确定或歧义，很可能就会导致一些愚蠢的做法，让你因为之前的误解而回答了错误问题，或是以不当的评论回复。

**演讲小秘籍**

现在就下决心，每一次小型演讲都要尽全力做到准备充分。记住这一点，那些可能影响你职业发展的人或许正坐在听众席上观察和掂量着你的发言表现。

每一次在群体中开口讲话，无论是想要说服他人，还是贡献自己的观点和想法，甚至是发表否定的意见，你都将推动自己向前进或者是向后退。你的每一步都至关重要！

## 第 7 章

# 掌控演讲台，给听众留下深刻印象

梦想让梦想者高尚，你梦想什么，将来就会成为什么。你的愿景就是你的未来。

詹姆斯·艾伦（James Van Allen）

很久以前，一位会议策划人致电一位职业演说家，想请求他为一场即将到来的活动发表演讲。会议策划人的第一个问题就是："你的收费是多少？"演说家回复他："这要看你希望我讲多少内容，以及我要花费多长时间来准备。"

会议策划人接着问："一场 30 分钟长的演讲，你会收多少钱？要花多长时间做准备？"演说家回答说："一场 30 分钟的演讲需要 6 ~ 8 小时的准备工作，所需的费用大约要 5 000 美元。"

会议策划人大吃一惊。“那么一场半天时间的会议，你会收多少钱？需要多长时间做准备？”

演说家继续回答：“如果是半天左右的讲话，大约需要 3 ~ 4 小时的准备时间，收费大约是 4 000 美元。”

“那一整天的演讲呢？需要多少费用？”

“全天演讲大约是 3 000 美元。”

“那你需要多长时间准备？”策划人继续提问。

“哦，”演说家回答道，“如果是全天时间的演讲，那么我现在就可以开始。”

## 篇幅越短，难度越大

前面这个故事表明了我的一个观点：讲话的篇幅越短，准备工作量越大，你在给定的有限时间内讲话所要达到的精准程度也越高。如果你有一整天的演讲时间可以分享你的想法，你可以利用各种故事、事例，以及围绕演讲主题衍生出的各种观点来充实这一整天的时间。但是，如果你只有 20 分钟，就必须精心安排、聚焦重点，只讲那些对你的信息传递必不可少的关键要素。

我的第一次演讲听众只有 7 个人，但是这些年来我的现场演讲听众有时能达到 25 000 人。甚至有一次，我同时对 85 000 听众发表演说，其中有 2 000 人在现场，另外 83 000 人分散在其他 600 个不同的地点，通过卫星连接收听我的演讲。我的历次演讲和不同研讨会的时间范围也是从 20 分钟到三四天不等。

我的每一次演讲，无论是只讲一次还是可能会多次用到，都会事先做详尽细致的准备和演练，以便现场表现能够流畅、高效。如果你的听众人数增多，作为演讲者对自己的要求和限定也会随之增加。在听众人数众多的情况下，演讲与面对少量听众讲话有很大的不同。

## 主旨演讲的八个组成部分

在第 1 章中我谈到，面对大量听众做一篇时长约为 20 ~ 60 分钟的主旨演讲，可以由八个部分组成。你可以参考这种模式计划和组织你的讲话。现在我们再来回顾一下这八个部分。

- 开场白。此时你要抓住听众的注意力，让他们聚焦于你，并期待听你讲话。
- 介绍。这是进入演讲第一要点的过渡。
- 第一要点。由此开始构建你的整个演讲。
- 开始下一个要点前的过渡段。在这里示意听众你将要从第一要点进入第二要点。
- 第二要点。自然跟进第一要点，并进一步加强。
- 第二过渡段。由此转换进入第三要点。
- 第三要点。自然跟进第一和第二要点。
- 总结。以强有力的行动号召为整个演讲收尾。

## 演讲的七个基本要素

无论主题是什么，无论你的听众是谁，都可以采用一套经过反复验证的方法要素来设计和策划你的演讲。你的每次讲话都可以用从 1 到 10 的评分体系对这七个要素进行评分。任何时候如果演讲者在某个方面得分较低，都会使整个演讲的影响力大打折扣。

## 介绍部分和开场白

当你起立演讲时，从一开始就争取一个好印象十分重要，而这个好印象早在你的演讲开始之前就已经注定了。

演讲的准备工作就是其中关键。从一叠纸笺开始，把你的演讲内容逐字逐句都写出来。采用我在第 2 章中讲过的“彻底清空”方法，把演讲的题目写在一张纸的最上方，再写下你希望在演讲中涵盖的每一个想法。很多时候，这些“倾倒”出来的想法能占满两三页纸。

当你完成了“倾倒”的步骤，回顾一下你的这些想法，再按顺序梳理，围绕演讲的主要观点把各种想法分组合并。完整记录你的讲话，把文字以两倍行距排版打印出来以便回顾检查。认真编辑这份演讲稿并润色几遍，直到对结构、文字和发音全都感到满意为止。一旦你把讲话内容写出来并且自觉满意，就可以再制成录音，然后从头播放，认真听几遍，尤其是其中不够清楚或还有提升空间的部分。

要让你的演讲有一个良好的开端，给听众留下完美的第一印象，还有几件事是你要特别注意的。

### 熟能生巧

很多人认为林肯的葛底斯堡演讲堪称英语世界里最经典的单篇演说。林肯讲的故事是这样的：当他前往葛底斯堡公墓准备在揭幕式上发表演说，他坐在火车上，在一枚信封的背后写下了邮寄地址。而事实并非如此。在林肯发表这篇英语演讲史上的伟大讲话之前的几个月里，同样的内容他已经讲过几次了。他一直尝试不同的词句和短语，直到最终形成一篇完美的演讲稿。

马丁·路德·金在华盛顿特区的演讲“我有一个梦想”，也是一篇精彩绝伦、富于启示的讲话。但是此前的几年中，马丁·路德·金已经就演讲的部分内容反复练习过。最终的演讲是将此前多篇演讲中的最优元素集合而成。

### 设备检查

演讲要给听众留下深刻印象，第二件必做的事就是提早到达会场，最好是提前一天到达，在会场里巡视一下，让自己熟悉现场的所有布置。

检查舞台、音响系统、灯光，以及听众的座位情况（更多具体内容请参考本书第 10 章）。不要以为其他人会像你一样关心会场的布置情况，永远不要这样想。记住，无论大型会议还是小型演讲，负责布置会议室的很多人往往都是只领最低工资的工人。他们干完活就回家，才不考虑演讲的效果如何。

我知道这些一手情况，因为就在不久以前我还受邀去给一家快速发展的国际公司做演讲，听众中有 4 000 名高级经理，还有这家公司的其他员工，演讲总时长大约是 90 分钟。这是一场为期 3 天的会议，公司引进了一队专家来帮助布置舞台、侧幕、音响、灯光，还有座位。我到达的时候正是第 2 天的中午午餐时间。我来得较早，也幸好如此。

我的演讲习惯之一就是在高射投影机或 ELMO 记笔记。我会站在舞台的中央，把投影机摆在我的右侧，以便在会议进程中，我能够讲解、图示我的观点，同时与听众保持目光接触。

在这次经历中，工作人员事先已经安排好，把 ELMO 放在讲台的一侧，正对听众的位置。我只好尽可能礼貌地指出来，告诉他们这样的布置让我每次在为投影做标注时，都不得不把自己的目光从听众席移开，走到讲台的另一端。工作人员只是对我耸耸肩，因为这对他们根本无所谓。我赶快请他们重新安排 ELMO 的位置，让我可以一边演讲一边看着听众，让演讲全程顺利进行。

### 与听众打成一片

在演讲开始之前，应先与会议的策划者、主持人相互沟通，增进了解。

如有可能，还可与听众做简单交流，介绍你自己，也问问他们的名字，努力了解一些他们的背景情况。

听众总是很喜欢与演讲者对话并向他提问。你的目标是对听众有一些基本了解和感受。你想要知道他们的所感所想。最重要的是，你想让听众感受到一点，你和他们是在同一个水平线上。

**向其他演讲者学习**

如果你的演讲是跟在其他演讲之后，那么提前抵达会场，听一听其他演讲人的讲话也非常重要。在你开始讲话之前了解听众已经听过哪些内容，这对你的演讲也十分必要。

有时候，我被安排在整个上午最后一个做演讲，刚好是在午餐时间以前。我的客户会说："你的演讲是从 11 点开始，你只要赶在 10:30 到达就可以了。"但多数情况下，我会在第一位演讲者开讲之前就到达会议地点。通常第一位演讲人会是公司的某一位行政经理。当轮到我演讲时，在介绍演讲人之后，我会提一下前面的演讲者讲过的内容，特别是公司高级经理曾经指出的与生意相关的要点。我会观察并赞美之前的演讲者，例如，我会说："刚才总裁罗伯特·威尔森先生向你们讲了一个极为重要的观点……"

这能向听众们表明，你跟他们一样高度重视此次会议，也是从头至尾完整听了下来。

我想要听一听前面的演讲，还有另一个原因。如果你不知道之前的演讲者都说了些什么，可能最终你会发现自己讲的信息听众早已经掌握，或是你所讲的与前面的演讲者观点相悖。

例如，我曾经在芝加哥对 2 000 名听众发表过演说。我的讲话正好是在午餐之后，但是我在早晨 8:30 其他人刚开始讲话时就已经抵达了。第一位演讲者讲得非常好，他谈的主题切合大会议题，并且用一个笑话作为这个演讲的结尾。

在请出第二位演讲者之前还有 20 分钟的茶歇时间。这期间，第二位演讲者悄悄入场，未打扰任何人就坐到自己的座位上。他在刚好该自己上台之前抵达，演讲的内容也是与会议主题相关，但令人惊讶的是，他在结尾时也用了第一位演讲者已经讲过的笑话故事，而这次，听众席上只回应了很少的笑声，相当多的人都觉得很尴尬。你可以看到这位演讲者的脸上也满是迷惑。

接下来发生的是你所能想象到的最糟糕的事情。当第三位演讲者——同样没有听过前两位发言，起身上台发表演说，他采用了同前两位演讲者完全相同的那个故事作为自己演讲的结尾。这一次，整个听众席一片沉寂。没有人觉得他的笑话有趣、可笑。事实上很明显，听众们都知道这位演讲者没有听前面两位的讲话。你能从听众的表情里了解到，他们心里已经有了结论：演讲者自以为是重要人物，就不必早到。可想而知，这位演讲者最终只会失败。

**快速反应**

有几次，我事先完整计划好了自己的演讲，但是后来不得不快速做出修改调整，因为有其他演讲者在我之前就讲到了其中的某些内容。有时候，其他演讲者用了我原本想讲的笑话或故事。

**与介绍人见面**

如果想有一个令人印象深刻的背景介绍，就要跟专门负责演讲者介绍的主持人或工作人员事先沟通。你要准备一份书面介绍，用大号字工整地打印出来，方便对方阅读。在页面顶端写上：“请依以下文字进行介绍。”个人介绍写得不好，或是主持人读得不理想，都会影响到你留给听众的第一印象。

令人惊讶的是，主持人往往不会用心阅读介绍演讲者个人的文字稿件，更不太可能在正式介绍之前进行什么彩排。他们朗读这些文字时往往磕磕绊绊，缺乏流畅通顺之感，有时甚至会读错。想要避免听众因此感到失望，就要认真撰写自己的个人介绍，并确保主持人在台上能够认真对待，用心朗读。

**出场时刻**

当主持人读完你的个人介绍，你就深吸一口气，勇敢自信地走上讲台。首先要向主持人表示感谢，与他握手，如有必要，拥抱亦可；然后转过身坦诚面向听众，用你的微笑告诉大家你见到他们真的很高兴。

接下来让全场安静几秒钟，让听众们平复一下，再把注意力聚焦到你的身上。此时你可以用目光扫视听众，把听众席分为几个区域或是四等分，前方座位分成左右两部分，后方区域也同样划分。在每个区域的中心位置选好一位听众，目光扫视并有规律地回到这位听众身上。

演讲最开始的一段讲话应该能够快速抓住听众的注意力。你可以讲一些听众中普遍存在的愿望、顾虑或是问题。例如，当我对商务人士或是销售人员演讲时，我通常会这样开始：

> 今天我给大家带来一个好消息（停顿）。我们正生活在人类历史上一个最好的时代（停顿）。在未来的几年中，有更多的人将会比20世纪赚到更多的钱。你的工作就是要成为这样的人，而我的工作就是告诉你怎样才能够成为这样的人。

采用这样的开头，立刻就能激起听众的兴趣、关注和好奇。人们的头脑和身体都热切地盼望听一听究竟怎样才能达成这个目标。

## 把要点讲清楚

无论你演讲或演示的是哪方面的内容，要想让听众遵循你的逻辑，专心听讲、积极思考，接受你带给他们的各种影响，有四件事是你必须做到的。

**要点与故事相关联**

任何时候想用故事说明演讲的要点，一定要再回到要点本身。在刚才提到的个人介绍环节进行完毕之后，每个人都迫切想听后续的故事。接下来我可能会讲一下亚历山大大帝如何以其杰出的军事领导才能率领他的军队，在阿贝拉战役中以一敌十，战胜大流士，又继续征战，终于征服了当时世界已知的大部分疆土。

在余下的演讲中，我会再进一步解释领导力特性具体包括哪些方面，如愿景、勇气、承诺、决心、创新和责任感。在演讲的最后，每位经理人应该都将自己视如亚历山大，努力争取更大的市场竞争获胜概率。

**激活左右脑**

一项获得诺贝尔奖的研究得出这样的结论：人类的大脑分为左右两个半球。左半球即左脑，负责逻辑推理、概念、数字、分析等非情感类功能，是人脑中用于接收各类信息的部分。大脑的右半球，即右脑，则更善于处理图像、情感、音乐等。

因为人们用右脑做决定。你的工作就是尽可能地刺激、激活听众的右脑。你演讲中不断重复和强调的观点、论述越是能够针对听众的右脑形成刺激，听众们就越能够认真听你讲话，积极跟随你的演讲。记得使用“雨刷”法。

你可以在听众席的每个区域的中心位置选择一个人，在你运用事实和故事演讲时，让目光每隔一段时间就回到这个人身上。要选那些面带微笑、表情乐观、看起来是在认真听你讲话的听众，注视他们，每次只看其中一个人，注视着他并讲完一个完整的句子，就好像他是这个房间里你唯一的听众。之后，再将目光慢慢移向听众席的其他区域，直接找到下个区域里你定位的那名听众。

### 直视听众

在你讲话的时候，应该注视一位听众，这样在他身后的“V”字形区域内每一位听众都会觉得你是在对着他或她讲话。如果你对着会场更远端的某位听众讲话，那么坐在此人身后的听众也会觉得自己就是你的注意力的中心。认为你是在对他讲话、与他们直接沟通的听众越多，听众们就越能够认真听你讲话，积极跟随你的演讲。

### 挺胸抬头、站直讲话

当你面对很多听众演讲时，要练习“挺胸抬头、站直讲话”的方法。选一块 3 英寸 × 3 英寸或 5 英寸 × 5 英寸大小的空地，站到这片小空地里面，严格控制自己的身体不晃动、不扭转，更不要走动。防止自己的身体向前或向后移动。这些动作往往是由紧张的情绪造成的。在你站上讲台开始演讲之前，你可以有意识地控制自己的动作，把手臂自然垂放在身体两侧，不要拉扯或摩挲自己的衣服，更不要把手放进衣服口袋里。让双手自然放置即可，当你讲到某个要点时，双手可以自然举高，之后再让两手回到身体两侧，自然垂放。

## 自然过渡

这非常像是换挡齿轮。当你讲完一个要点即将进入下一个要点的时候，需要给听众释放一个明确的信号。如果不这样做,听众就可能感到迷惑糊涂，认为你说的内容或许是刚才已经讲过的。要点之间的过渡可以很简单,例如，“我想讲的下一个要点是……”你也可以这样说:“现在，继续往下，我想告诉你们一些有关……的事。”

在每个要点讲完之后，做一个简单精练的总结，然后再继续讲下面的内容。一旦某个要点已经讲完，就不要转回来再讲一遍，那样也会让听众感到迷惑。

### 即兴讲话

有时候，在你讲话的过程中头脑中会忽然闪现出一个精妙的例子、故事或是幽默笑话。这种自然而即兴闪过的想法是联系你和听众的绝好方法。再把这些即兴的想法讲给大家，你可以这样说："我刚好想到一件事，可以完美地说明……" 也可以说，"就在昨天晚上的电视节目里，还有个人说……"

如果想让听众知道你现在讲的内容是游离在演讲主体之外，你可以说："让我插一句……" 当你讲完这个即兴发挥的故事，还像换挡那样转回到既定的演讲内容本身。有时候我会说："关于这个话题还有一个附带的报道……" 或是 "上周刚好发生了一件事……"

无论你说什么、怎么说，必须让听众相信你对演讲有全面的把控，而整个演讲有清晰的开头、中段和结尾部分。

### 自我管理

有很多演讲者，我会把他们称为"热情型"。这一类型的演讲者积极、风趣、口才好。他们通常都很聪明、经验丰富，而且见多识广，但是在讲话时容易绕来绕去。他们的演讲往往在开头都很精彩，有一个开篇故事和亮眼的要点，之后就是一个接一个的要点，一会前一会后，时而还插入几句主题之外的内容，无论是脑子里闪出什么故事、笑话或幽默，想到什么就说什么，不加思考、毫无筛选。

他们看起来幽默、讨喜，有娱乐性，带得听众们也是笑声不断、掌声不绝。但是最终，听众对演讲者所要传达的核心内容却留不下什么印象。人们离开时不免略带失望，就好像是受邀参加一次晚宴，却只吃了几盘开胃小菜，未见主菜出场。

## 保持连贯性

人们的内心总有一种深深的渴望，想感知宇宙间的因果、逻辑和秩序。

这就是所谓的“心理一致感”。在你讲话时，从一个要点转向另一个要点，之间保持清晰过渡，则可以满足人们内心的这种需求。这样做的结果就是，听众们听你演讲能感到放松和舒适。他们会对你接下来要讲什么也产生兴趣、感到好奇。

在第 2 章里，我提到过一些演讲的策划方法。其中一个方法是在一张白纸上画圆圈，每个大圆圈代表你希望在演讲中提到的一个要点，一行圆圈为一组，从上至下画出几组。当我的听众是公司的销售代表或其他从事销售工作的人们时，我还会教他们另一种方法。这是一种被我称作“脊柱与肋骨”的方法，通过不断提问来策划一套完整的销售演说。脊柱是唯一的主线，是演讲的主要观点。肋骨则是一些能够证明主要观点或是让它变得生动鲜活的故事、引言、图解，以及一些暂时偏离主题的插入性内容。

好好策划你的演讲稿，在要点之间保持清晰的过渡，就像是一只青蛙从这朵睡莲叶子跳到那朵睡莲叶子上一样，既方便自己记忆讲稿内容，又让听众听来是一种享受。

### 逐字逐句撰稿

把关键句子逐字逐词地写出来，这样你就能够知道自己的要点表述是否妥当、这种表述方式是否能对听众产生最大的影响力。看一看不同表述方式之间的差异，例如，“你可以做任何想做的事”和“未来你想做的事只受限于你自己的想象力”。这两句话所讲的大意相同，但表述效果却有很大不同。

### 三的力量

最有效的演讲利器之一就是“三字重叠”。出于某些原因，当你用“三字重叠”解释或表达观点的时候，听众的思想会不由自主地受到影响。

例如，在葛底斯堡演讲中，林肯就讲过一句著名的“民有、民治、民享”。

约翰·费茨杰拉德·肯尼迪著名的就职演说也包含了“付出任何代价，承受任何负担，应付任何困难”这样的三字重叠式表达。

所以我在讲话时，也经常会说：“你拥有足够的能力，就在现在，无论要解决什么难题、克服什么障碍、达成什么目标，你都可以充分调动你自己。”这种表达方法和句式在你的演讲中应用的次数越多，你的演讲力度和说服效果也就越强。

几年以前，有一个朋友鼓励我写书。他说：“写作是一件只要你做水平就一定会提高的事。”其实，演讲也是同样，只要你说，你的演讲水平就会不断提高，越来越好。所以，才会有阿尔伯特·哈伯德的那句话，就是要“说，说，说，再说，继续说，继续说，不断说”，这也是演讲成功的关键所在。

## 与听众建立亲切和谐的关系

人们越是喜欢你，就越是会对你敞开心扉，更容易受到你的影响、被你的思想和观点说服。正如《推销员之死》一剧中威利·罗曼（Willy Loman）的台词：“最重要的一件事就是让别人都喜欢你。”

当你站在台上，面对听众，没有什么比微笑和温暖亲切的态度更能让他们认真地听你讲话。你越是表现得自信和享受，听众们也就越能从与你共度的时光中享受到快乐和愉悦。人们越是喜欢你，就越是会向你敞开自己的内心，接纳你以及你向他们传递的各种思想。

提高听众对演讲的参与度，对你来说，最有效的方式之一就是提问。任何时候只要你向某位听众提出问题，他一定会尽力回答。即使他并不知道答案，或者那只是一个恶作剧式的问题陷阱、设问修辞，当你向听众提问时，也会立刻调动起他的注意力。他会在头脑里快速搜索可能的答案，或是俯身向前，听你透露正确的回答。

举个例子，当我面对商业人士为主的听众们，想要抓住他们的注意力时，我就会轻松随意地说一句："在美国，收入最高、最重要的工作是什么？"

听众席上先是一阵寂静。接着人们开始纷纷讲出自己心里的答案："演员！销售！职业演说家！体育明星！"

当他们戳穿答案时，我就会微笑地回答：

> 在美国收入最高也最有价值的工作，就是思考。这是因为，在人们从事的所有工作中，思考可能带来最伟大的结果。你思考得越清晰，做出的决定也就越合理；你的决定越合理，相应采取的行动也就越有效；你的行动越有效，得到的结果也就越理想，你生活和工作的品质也就越高。这一切都是从思考开始的。

接下来，我就为听众介绍一些工商业领域最成功的人士经常用到的思考工具和技巧。在演讲过程中，我会不断反复强调这些工商业名人们在不同情况下使用的思考方法。这个主题就像是贯穿整个演讲的一条线，让听众始终保持较高的参与度。

## 掌控时间和节奏

无论听众规模大小，对成功的演讲最好的定义就是"热烈的讨论"。

把演讲想象成是一辆手动挡而不是自动挡的汽车。你在前进过程中不断换挡，速度快慢都由你的控制决定。你可以随时调整声音强度，从舒缓放松到热情浓烈，声音大小也全由你控制。

当你持续变换语言的节奏、速度和音量，时而停顿、时而连贯，时而加快、时而放缓，你让所有的听众也都像你一样参与其中，仿佛是在观看全美运动汽车竞赛协会组织的一场拉力赛。对听众来说，这会让你说的任何语言都变成是一种愉快的享受。他们绝不会有机会懈怠或是感到无聊。做到这一点，你需要随时做出调整。关于这一点，我在第 8 章中还会详细介绍。

如果是面对较大规模的听众发表讲话，几乎无一例外都会要求演讲者严格控制时间，讲的时间不要太长。听众人数较多的情况下，往往会有多位演讲者到场讲话。因此，时间控制更严格，每一位演讲者的发言都要受到相应的限制。举个例子，我的一位朋友最近受邀在一个国际会议上讲话，他飞去香港，就他的那个题目发表演讲，整个时长不超过 12 分钟。这是会议组织者在日程表上明确分配给这场讲话的精准的时间长度。

你在演讲中所涵盖的信息总量也由演讲的时间长短决定。我一般遵循的规律是，如果讲话时间为 30 分钟，最多只能包含三个要点。如果可以讲 1 个小时，则可以包含 5 个要点。如果可以给我 90 分钟的时间，那么我会在讲稿中包含 7 个要点。这些指导可以给你策划演讲和撰写讲稿提供一个参考标准。

## 总结和收尾

这往往是整篇演讲最重要的部分，也是能被人记忆最长久的部分，所以一定要认真仔细地对待演讲的结尾。

一般的规律是你应该能够把演讲的开头和结尾提前记住，这样才能够情绪饱满地把这部分讲出来。你的结尾评述，如果不是一个强力的感叹号，也该像是句子最后一个清晰明确的句号，为整篇演讲做个了结。

演讲收尾最简单的方式就是逐个重申要点、总结全篇讲话，在此基础上得出顺理成章的自然结论。

在演讲的最后要“号召行动”，告诉听众你希望他们在听你讲话之后采取怎样的行动。

最重要的原则是在讲话的最后给以“一记重拳”。有时候你可以使用“三字重叠”的方法为演讲做结论，或是给出最终的建议。另一些情况下，你也可以采用名人引言或著名诗句作为演讲的结尾。如果条件适合，你甚至可以用一个与你在演讲中提到的故事相关的，或是能够再次强调演讲主要观点的笑话来做结尾。在本书第 11 章中，你还将进一步了解如何才能让演讲的结尾达到一种爆炸性效果。

**结束讲话前的停顿**

当你讲完全部内容，你要停下来，面带微笑安静地站在讲台上。

在我还只是一名年轻的演讲者时，我在演讲的结尾总是会说一句“谢谢各位”，然后快速环顾，寻找能够走下讲台的出口。有几次在这个时候，我已经开始慢慢挪动身体或是收拾我的文字材料。后来，我发现这样做会让听众们感到惶恐和迷惑。于是，我学会了在此时要挺直站立，在讲话结束后要微笑着面对听众，向他们发出信号，告诉大家“演讲已经结束，现在该是听众反馈的时间了”。

**稍候片刻**

当我在演讲结束后安静地站在讲台上，稍等片刻就会有人开始鼓掌，接着就是第二个、第三个人为我鼓掌。很快全体听众都开始鼓掌。这样的情况已经重复了无数次。如果你是一位杰出的演讲者,还会有人起立为你鼓掌,之后又是一个接一个的听众起立、鼓掌。他们会站起身来为你的精彩表现喝彩，但是这样的肯定和感谢，需要你在台上耐心地稍等片刻。

## 特殊场合讲话

你偶尔也会遇到在特殊场合讲话的机会，这种邀请通常都没有事先通知,也没有足够的准备时间。但它很可能是你或他人生命中的某个重要时刻,需要你特别地用心和格外地留意。

有 5 种最常见的特殊场合讲话是:（1）颁奖与庆贺典礼讲话;（2）公共

活动中的介绍或致谢讲话；(3)生日或纪念日致辞；(4)婚礼祝福；(5)葬礼悼念。这 5 种情况的每一种都要求你使用所有的讲话技巧，在现场做一次成功的讲话。

**颁奖与庆贺典礼讲话。**先想好你的讲话内容，在开奖之前把他们写下来。相关奖项的设置目的和获奖人的获奖理由，务必事先都了解清楚。

在你讲话的时候，每个听众都在观察你的表现，特别是获奖人，还会记录下你所说的话。在这种场合下，你的身份地位越尊贵，你的发言就越有影响力，也会被人们记得更长久。

无论何时何地，在众人面前，特别是在同僚或同行的面前获得认可、表扬和祝贺，这对任何人来说都是一件重大的事。了解获奖人富于价值的特殊贡献，以热情、智慧的语气表示祝贺，这样你就能对获奖者本人以及众多在场的听众都发挥积极的影响。

**公共活动中的介绍或致谢讲话。**在公共演讲活动或是某些协会的会议上，你可能需要介绍某位演讲者出场。介绍这件事的确要比一般的讲话更好。很多有抱负的经理人就是因为出色地完成了某位高级经理或重要发言人的口头介绍，从此步入了职业快速发展的轨道。

就在几年以前，有一次我被大会安排向听众们介绍一位演讲者，她就是前总统乔治·布什的夫人芭芭拉·布什。我准备充分，为芭芭拉夫人做了一次精彩的个人介绍。当她走上讲台时，全场听众起立，为她热烈鼓掌。而总统先生就在一旁观看，在会后私下里向我表示了感谢。这件事，我永远不会忘记。

你或许还会遇到在发言人讲话之后向他表示感谢的情况。这种时候，要在对方讲话时记录下他说的要点。在上台向他或她表示感谢时，可以先简短概括一下你认为他的讲话中哪些内容最为重要。例如，“感谢您的精彩发言。您的演讲对我们大家都是一种享受。我最喜欢的部分是您说的……”

当你在广大听众面前讲话自如、评述得当，人们自然会认为你智慧、雄辩，比其他人更有实力。不要放弃任何机会。

**生日或纪念日致辞**。这是多数人生命中的大事。如果有人请你在这种场合发言致辞或敬酒，也要先做好家庭作业。事先与对方交流沟通一下，了解有关她生活的一些情况。还可以问问她周围的朋友家人，挖掘一些鲜为人知的事实，将这些也适当融入到你的祝词中去。

你在讲话中要始终使用赞美和祝贺的词语，避免拿对方开玩笑。要让他们愉快、舒适，感觉良好。这样做也就让在场的所有人都能够愉快、舒适，有良好的感觉。

**婚礼祝福**。这是人生最重要的场合之一，也是新郎新娘的父母双亲生活中的重要时刻。你在祝词中讲到的事情、选用的语言，都将被人长久地记忆，因此你也要认真准备。

几年以前，我曾经受邀出席一对年轻人的婚礼。他们的父母都是蓝领工人，收入有限。父母让当机修工的 23 岁儿子为 25 岁的姐姐与一位面点厨师的婚礼发表祝词。

婚礼上有很多趣事。每个人都喝酒、大笑，拿这对新人开玩笑，甚至还有黄色笑话。但是，当新娘的弟弟站起来准备讲话时，他立刻变得严肃起来，很明显他已经担起了自己应尽的职责。当他谈起自己的姐姐，每个人都安静了下来。15 分钟时间里，他讲到了与姐姐一起成长的日子，赞美了姐姐是怎样一位了不起的女人。

他回顾了多年的姐弟生活，讲述了他们童年的故事，还有父母的故事。当他举起杯，祝福这对新人“一生一世，相爱幸福”时，婚礼嘉宾无不眼眶湿润，为他的讲话所感动。

如果你要在婚礼上讲话致辞，还应该考虑到讲话的内容应该是非时效性、永久适用的。只谈爱和责任、只谈终生的幸福。要为新郎新娘感到高兴，用最美好的字眼祝福他们一生幸福。这个时刻，你的语言意味深远。

**葬礼悼念。**你也可能会参加朋友或家人的葬礼，并在葬礼上为逝者念诵悼词。如果是这样，你必须事先把悼词写好，不漏掉任何一个字。这是因为两个原因。第一，在你念诵悼词时可能会变得情绪激动。如果不是写好的文字，就有可能现场忘词，变得更加紧张。第二，如果你已经把文字认真地写了出来，人们可能想要复制一份并永久保存。

念悼词的时候，你的语速要慢，每个字都要发音清楚。念悼词的总时长不应超过 5 ~ 8 分钟。

撰写悼词往往先从介绍逝者如何优秀、诚实、富于爱心、帮助他人等优点入手。接下来可以讲到其家庭成员，以及家庭成员对他 / 她来说是何等重要。介绍一下逝者生平和他的主要成就。以悲痛和悔恨结束悼词，“我们永远不会忘记他 / 她带给我们的灵感与启发，以及他 / 她对我们的诸多贡献和帮助。”

为别人念诵悼词是你所能经历的最重要的一次演讲机会。务必要周密计划、认真准备。

**演讲小秘籍**

在规模较大的受众面前发表演说是极具挑战又令人兴奋的事情之一。每天，世界各地都有成百上千的演讲者对着人数众多的听众发表演说。这是一种可以训练习得的技巧。记住一点，你怎样讲话与你讲了怎样的话是同等重要的。一次出色的演讲来源于周密的部署、完善的准备和精益求精的练习。如果你学会了出色演讲的技巧，你将会成为自己所在领域内最具说服力和影响力的人之一。

第 8 章

# 掌控声音，学会富有震撼力的发声技巧

他是最杰出的演说家……教导并愉悦人心，更让听者思想进步。

西塞罗

你在讲话时，声音是你最重要的工具。幸运的是，你可以学习如何使用自己的声音，就像表演乐器那样，在每一次谈话和演说过程中增强自己的表现力和说服力。

歌唱家因其每日严格的声音训练而著称，经年累月的坚持，声音的品质和共鸣才能达到很高的水平。你也必须这样做，才能够让声音更加雄浑有力、更加清澈响亮，为声音注入能量和活力。当你用充满力量和自信的声音讲话，意味着你对自己的演讲主题深谙于心，并且胸有成竹。这样，你的听众们也会信任你并接受你的观点。

## 放慢速度

当你以较慢的语速讲话时，你的声音会更有力量、更具权威性。听众们有机会吸收你讲的观点并及时做出反馈。你的讲话能自然流露出自信，赋予每个词语更大的重要性。所有的权威人物在讲话中一般都是采用较慢的语速，清晰地阐述，自信地表达。声音洪亮、充满自信，你的讲话才会更有力量、更能打动人心。

但是，如果你讲话的语速过快，音调也会相应地提高，听起来叽叽喳喳，让人感觉孩子气。这对你的语言本身以及对听众的影响都会锐减，演讲内容的重要性和价值也会因此被听众低估。

## 活力是根本

一场优秀的演讲，最重要的就是要充满活力。面对广大的听众、以充沛的活力表达，才堪称是一场“激情的对话”。

几年以前，有一次我要在奥兰多一家新开业的酒店做一场有 3 000 人听众的演讲。我的演讲在为期 4 天的会议中是一个主要部分。因为音效系统也是全新的，为了以防万一，他们为我配置了两套独立的扩音系统。

我的演讲刚开始 5 分钟，两个麦克风都出了故障。但是整个大厅里挤满了人，而当天的时间安排又非常紧张。所以我决定不用麦克风，就这样大声讲话，让全场听众都能听得到。

莫名其妙地，我竟然就这样顺利完成了整场演讲。整整 90 分钟的演讲过程，我始终声音洪亮，让每个字都能传至演讲大厅的最后一排。演讲结束以后，我几乎精疲力竭。只在演讲的某个部分提高音量、大声说话，已然要耗费巨大的体力，更不必说在 90 分钟的演讲过程中我始终都保持声音洪亮。

对我而言最好的消息莫过于这次演讲取得了巨大的成功。我的演讲经复制传播，又多了几千名受众。

## 让每个人都听得清

无论听众的人数有多少、演讲的规模有多大，你的目标都是一样，即使坐在离讲台最远一排的听众也能听清楚你讲话的声音。只有让讲话声音传得更远，你才能彻底抓住场内每个人的注意力。

在每一场演讲中，扩音系统都是你最好的朋友。在开场之前先认真测试一下扩音系统。在整个房间里走上一圈,看看是否有哪个位置是声音的盲点。确保房间里每个区域都能听到扩音器里的声音。

### 千万不要想当然

就在不久以前，我在费城举行的一场研讨会上为 800 位听众做了一整天的演讲。那个演讲大厅是我曾经讲过话的地方。扩音系统已经做过检测，看起来系统一切正常。

但是当我开始讲话时，听众席上后半部分的人就开始摇晃手臂，抱怨听不清我讲话。你可以想象，在场的一半听众都在失望地抱怨。我已经很难再继续平静而自信地讲下去了。

在整个事件发生时，掌管音效系统的人并未打开后半部分听众席的扬声器。他只是忘了做而已。当研讨会开始时，说话的声音被淹没在酒店其他的嘈杂声音中。这也非常常见。大约要花一个小时的时间来修复之前的问题。这个期间，我不得不大声喊着讲话。

## 扩音系统很关键

前一段时间，我在一个会议中心为一场有 1 500 人参加的研讨活动做演讲。演讲的内容我在几年里已经讲过多次，没有任何问题。但是这一次，会议中心的工作人员把研讨活动“卖”给了展览大厅，而不是我们过去一直使用的宴会大厅。

两个大厅的不同之处在于宴会厅是地毯铺地，还有吸声天花板。而展示大厅只是打磨过的水泥地面，天花板又高，就像是个飞机库。

因为这个建筑结构是专为展示展览而设计，根本没有考虑声音的问题，所有的噪音声波都会经过地面和天花板来回反射、互相碰撞，形成各种回声和更糟糕的噪音。当我开始讲话时，除了前两排听众，整个大厅里没有人能听清楚我在说什么。终于，听众们忍不住了。人们纷纷站起来，大喊，离开了自己的座位并与会议组织者理论。现场一片混乱。

## 声音不真，就不做演讲

会议中心的人被找来查看情况。按照会议工作人员的习惯，他们不认为场地有任何不妥，对我们的问题也表示无能为力。我们被没有音响系统的展示大厅彻底困住了，也被愤怒的听众们困住了。他们都是花了一整天时间专程来参加这次研讨会的商业人士，其中很多人还是长途出差过来的。

因为听众满意度是我最为关心的事，所以我做出了一个决定。与会议中心的工作人员快速沟通后得知，有一个铺了地毯的房间在两周后可以使用。于是，我想向听众们宣布，当天的那次研讨会临时取消，并将在两周后重新举办。对于给到场听众们带来的不便之处，作为补偿，我们允许当天到场的每位听众在两周后的研讨会上可以免费带另一位朋友一起来参加。

有些听众仍然很不高兴，但幸运的是，多数听众、销售人员和企业人士都做出了让步。他们知道眼下的情况是无法解决的问题，并同意在两周以后再来参加活动。两周后，会场的音响设备已经提前检查过，研讨会也顺利无阻地成功举办。

### 按照音响设备故障的情况做好预案

酒店或会议中心安装廉价低效音响系统的情况十分常见。在建筑工程即将竣工之时，几乎所有的酒店建设项目都是超预算的。他们会不断寻找可以节省预算的环节，最终选定的缩减开支的地方往往就是两个：音响系统和空调。

采用劣质或低档空调设备的酒店和会议中心数量之多，一直令我惊讶不已。

几乎所有我共事过的会议策划者和研讨会组织者都会安排携带他们自己的扬声器和音响系统到现场备用。这可能会增加一点花费，但这是防止现场出现令人沮丧的情况或是惹怒听众的保险策略。

## 加强声音的力量

人类的声音就像肌肉一样，只要训练和使用，就可以变得更强、更有力。很多天生音量小而轻的人经过一定时间的练习，也能做到演讲的声音洪亮、自信，掷地有声。

声音训练的一种最好的办法是大声朗诵诗歌。选一首你特别喜欢的诗歌，背下来，在你开车或散步的时候就可以有规律地练习朗诵。每背诵一首诗，都想象你是面对很多人做一次戏剧化的演讲。在你背诵的词句中融入情感、力量、强调的语气和十足的活力。语速要慢，在朗诵同一行诗句时通过调整变换重读词语体会诗句意义的改变。想象着你讲的每个词句就是钢琴上的一个琴键，在朗诵诗歌时，每次读到同一句，都尝试改换新的重音词语。

我最喜欢的诗人是罗伯特·塞维斯（Robert W. Service）。他的诗歌更像是一篇节奏明快、音韵优美的韵文，更容易学习和记忆。一旦你把它默记于心，就能对着自己和他人背诵出来，整个余生都不会忘记。

每次你背诗的时候，都要像是在讲台上为人做演讲一样，这样做不仅你朗诵这首诗的表现会得到提升，作为一名演讲者，你在讲台上、在听众面前讲其他语句的能力也会得到大幅提升。

加强口头表现力的另一种方法是大声朗读戏剧台词，特别是莎士比亚戏剧中的独白。当我还在上高中的时候，我背诵了莎士比亚戏剧《尤里乌斯·恺撒》中马克·安东尼献给恺撒的悼念词。我至今还记得那篇悼词，并且能够背诵出来。每次演讲临近，我都会提前练习朗诵这段，作为热身。

## 录音并回听你的声音

要不断培养自己的能力、学会充满力量地表达，在这一过程中，你可以把自己朗诵诗歌或戏剧片段的声音用录音机和磁带录下来。回放这些录音，反复琢磨在发音、表达、语速等方面还有哪些提升的空间。

在教授演讲技巧时，我们会让参加培训的人起立，与大家分享他们生活中愉快的小故事或某个生活片段。有些人介绍自己的工作，有些人讲自己的孩子，还有些人会谈谈自己最近的一些经历。我们让参加培训的人都大声、有力地讲话，还可以运用手势帮助加重语气、强调重点。

同时，我们会对大家简短的演讲进行录影，然后播放给大家看，几乎每个人都大为惊讶。他们完全意识不到自己在人前讲话时的表现有多糟糕。

## 面对公众演讲与日常对话的差异

人们在演讲时最常见的错误除了声音太小、传播不远，还有语速太快、口齿不清，或是停顿太多、磕磕绊绊。也有些人讲话根本没有停顿，始终“嗯”“啊”不停，还比手画脚做些看不清、弄不明的肢体语言。

培训中我们教育学生们要更加活跃、积极，要对自己讲的题目充满激情。他们在演讲时也都尽量这样去做，但当他们从录影中看到自己的表现才惊讶地发现，原来他们所认为的高度活跃其实只是一些只有自己才能意识到的细微动作或表情。

## “过度”才能适度

面对广大的听众，要扩大自己的声音传播范围，学生们往往要尽可能地大声讲话，几乎是把要点喊出来。他们的双臂自然垂放在自己身体的两侧。当你在录影中看到自己这副样子，你也会惊讶地发现自己显得如此沉默寡言、不善言谈。

我的妻子芭芭拉在一个普通家庭中长大。她父亲在墓地值夜班，白天才休息睡觉。因此，家里的孩子们从小就被不断告诫要“保持安静”。整个童年里，他们养成了在房间里都要小声说话和踮起脚尖走路的习惯。

当芭芭拉开始学习如何面对许多人演讲的时候，人们鼓励她更大声地讲话。他把声音提高到自认为已经是在“喊”的程度。但是当回放录影时，她所谓“喊”出来的声音不过只比日常讲话的声音稍稍大了一点。她非常吃惊。当你把自己的讲话录影并观看回放时，你也会大吃一惊的。

## 回顾与提高

作为一名演讲者，改善语速过快的最好方法也是把你的演讲录下来，再找一位能够对你说真话、给以诚实反馈的朋友一起回看录影，每隔 30 秒或 60 秒暂停一下，然后再继续播放。与他讨论怎样能够让你的声音与肢体语言更有效地配合，表达演讲的要点讲清楚。当播放到要点时暂停一下，再重复一遍你说的内容。如果有机会让你再讲一遍你会怎么讲，那么你就用那种方式再来一次。

### 打电话时也可录音

提升口头表达能力,你可以在与人通电话时把自己的讲话也录音并回听。你在讲电话时出现的各种语法问题、语言不连贯不流畅，还有经常出现的各种歧义，绝对会让你自己感到惊讶。但是只要你录音、回放自己的声音，每一次都能从中看到和听到一些问题，找出有助于改进自己口头表达的方法，你就能够不断得到提升。

## 停顿——无声的力量

停顿可以表达一种无声的力量。在你学习的各种演讲技巧中，这恐怕算得上最强有力的一项口头表达技巧了。

音乐的美感存在于音符之间的空拍。语言的力度和戏剧性则存在于你在不同要点之间留有的停顿空间。这是一门你通过不断练习就能掌握的艺术。

很多演讲者站到听众面前时都会感到紧张焦虑。结果就是他们讲话的速度越来越快，音调越来越高，中间毫无停顿。人在放松的时候，讲话的语速更慢，也会适时地停顿，音调深沉而有力，更富权威感。要为你的演讲注入更多的力度，你可以尝试 4 种类型的停顿。

**感知型停顿**。这种停顿通常是在一句话或是一个要点结束时的声音暂停，让人们可以吸收刚刚获得的信息，能够跟得上演讲者的语速。

如果没有经过某种特殊形式的脑力训练，听众不可能一次处理三句话以上的信息。当达到这个极限值，听众就会变得精力分散，思想不再集中。

他们的头脑开始偏离演讲的内容，除非你再采取一定措施把他们的注意力抓回来，否则他们的思想无法被带回到你的演讲上来。

此时，没有什么比停顿更能够抓回他们的注意力。当你停顿的时候，听众的头脑也突然停止。他们游走的思想陷入由你制造的安静气氛。你每暂停一次，都能让他们把注意力重新聚焦到你以及你讲的内容之上。

**戏剧性停顿。**这种停顿通常会出现在你想要给听众的头脑留下深刻印象的特定位置。你可以在讲到重要观点之前，或紧跟其后使用戏剧性停顿，让人们意识到你在此所讲的内容非常重要。

**强调性停顿。**这种停顿专门用于强调某个重要观点。例如，在一场研讨会中，我会经常停下来，好奇地提问："谁是这个会议室里最重要的人？"然后我就会停顿一下，等上几秒钟，让人们各自想一想可能的答案。有些人会说："是我！我是！"也有些人说："你！是你！"一段故意而为的停顿之后，我再次开口，指着房间里的每一个人说："你是对的！你们才是这个房间里最重要的人。"

接着，我再次停顿几秒钟，让刚才说的话在人群中渗透一会儿，再继续道："在你的完整世界里，你自己就是最重要的人。在你自己的生活里，你本人对所有人都意义非凡。你认为自己有多重要，这在很大程度上将决定你的生活品质。"于是，我向他们解释看重、尊重自身价值是何等重要，以及一个人对自己的认知将怎样在他个人生活和职业道路上发挥影响，决定他与周围人的关系。

**"填充句子"型停顿。**使用这种停顿，意味着你做了一段陈述，或是引用了一段广为人知的名言。当你说出一句话的前半部分，听众头脑里会主动想要完成这一句的后半部分。这会让人们紧密地参与到你的演讲中，更加专注地听你讲话。

当我讲到生意场上的竞争如何激烈，如果想要在竞争中存活下来，就必须不断加强自身的实力，此时我说："当环境变得越来越……"说到这里我会稍微停顿一下，让听众讲完后面的部分，他们就会顺着说"……艰难"。

任何时候要使用这一技巧，你都要在适当位置让自己停下来，等听众们开口完成整个句子。之后，你还要再重复一遍，把想法表达完整。使用这种技巧，你就可以获得听众全部的注意力。

## 语音语调

如果想要强调某一个要点，你一定会大声有力地讲话。发声越有力，重点越突出，听众对这一内容的重要性和相关性认知也就越充分。如果想要分享某些感性的内容，则可以将声音放低，以一种亲切的语音语调讲话。

好的演讲，应该是语速时快时慢、音量有大有小；过程中偶有停顿，使整个演讲既富有戏剧性，又重点突出；听众们既能屏气凝听，又能够轻松跟上演讲者的节奏。无论你的演讲主题是什么，对听众来说，你在讲话时口头表达的变化越丰富，整个演讲带给人的趣味和愉悦就越多。

## 声音与喉咙

声音就是你讲话并用以说服别人的工具。确保声音和喉咙以最佳状态投入工作，你在平时可以多注意以下几个方面。

精力充沛是讲话发声洪亮的基础。在简短的发言之前，应该少量进餐。这能确保你在讲话时头脑清醒、思维敏锐，大脑能以最佳状态运转工作。

在长篇讲话之前，例如在长达半天或一天时间的研讨会上演讲，填饱肚子、腹中有食是非常关键的。蛋白质是最好的选择。固态蛋白质早餐或午餐能够为你提供可供消耗 4 ~ 5 小时的能量。蛋白质是大脑的食物，你思考问题、有效地表达都需要它。演讲时声音要保持洪亮有力、头脑要保持清醒，也都离不开它。

想让声音保持最好的状态，在演讲开始之前和演讲期间就只能喝温度保持在室温水平的水。加了冰块的冷水容易冻伤你的声带，降低嗓子的温度。

你肯定也会遇到声音出问题的时候。如果喉咙沙哑，就很难清晰地说话，更不必说要把声音投射到听众席的最后一排去。如果出现这种情况，可以喝加了大量蜂蜜和柠檬汁的热水。有好几次，我都是被这种神奇的组合救了场。

因为长途飞行和睡眠不足，我大概每年都会犯一次喉咙病。但是，只要在会议期间持续喝加有蜂蜜和柠檬的热水，我的声音就能保持好的状态。一直用热水、蜂蜜和柠檬汁滋润声带，虽然喉咙还是沙哑的，但我能从早到晚坚持不断说上整整 8 个小时。你也可以试试这个方法。

**演讲小秘籍**

像使用乐器一样训练自己的声音，变换音调、语速，在讲话的过程中注意停顿，把声音传到听众席的最后一排，这样你在任何时候都能够强而有力地表达。

## 第 9 章

# 交易的诀窍：顶级演讲者的技巧

个人所能获得的最大满足感，来源之一就是令他能够完美行事的知识。

霍顿斯·欧德拉姆（Horstense Odlum）

今天，在美国大约有 10 000 位职业或业余演说者能够非常专业地演讲。其中 20% 的人其演讲收入占到演讲行业全体收入的 80%。这意味着有 2 000 位演说者的收入总额达到了另外 8 000 人收入的 4 倍。

在这 2 000 位演说者中最优秀 20%——所有演说家中顶尖的 4%，大约有 400 人，得到了这些优秀演说家 80% 的演讲和培训机会。

而这顶尖的 400 位中最杰出的 20%——约占全体演说者的 0.8%，即 80 位演说家，一场 20 分钟左右的小型演讲的收入即可达到 25 000 美元。他们的档期经常被订满,每年的收入超过1 000 000美元。其中有些人会挣得更多。

在美国,一个全职的演说培训讲师平均每天收入不足500美元,但是讲同一个演讲题目,最优秀的演说家可以挣到25 000美元、50 000美元,甚至是100 000美元。

那些低收入的演讲者和收入达到天文数字的演说家们之间的差距在哪里?这个问题的答案,我已经研究并实践了超过25年。

## 收入最高的演讲者

高收入的演说家们大多都是"大牌演讲者"。他们都非常知名,因其在政治、体育或商业等领域的成就而广为人知。畅销书的作者往往也在其列,成为获得很高酬劳的大牌演讲者,至少现在就是这样。

很多演说家都是受到会议策划者或企业高层管理者的邀请,来为组织、协会或企业的会议做演讲。会议策划者的目标就是要尽可能地吸引更多的人来参加会议。一些组织机构的年度会议也是会议策划者们重要的收入来源。这些会议促使会议策划者们签下该组织的年度执行合约。演讲者越有名望,报名参加会议、支付报名费并到场参会的听众也就越多。

诺曼·施瓦茨科普夫将军(Norman Schwarzkopf)曾经在1991年美国对伊拉克进行的海湾战争中,成功地指挥了"沙漠风暴"军事战役。在他退休以后,他立刻成为一名顶级的领导力演说家。每年,他都收到多达1 000份的邀请信。这些信件邀请他到全美各地、加拿大和世界其他地方的企业和组织机构去发表演讲。他的演讲收入始终保持在每场演讲100 000美元以上。

当施瓦茨科普夫将军从军队退休后,他从在纽约为自己举行的官方退休仪式走出来,走上街道、走入社会,第一次以公民身份发表了自己的演讲。

在那一次早午餐上的讲话中，他的收入远远多于作为一名在“沙漠风暴”中统率 330 000 军人的将军在过去 6 个月里的收入。

## 媒体演讲者

第二级别的演讲者，收入丰厚但未必名气很大，在对很多公司和组织都相当重要的某个主题上他们的发言会颇具影响力。很多时候，这一级别的演讲者就是来自他们自身领域的行业专家，转而成为职业演说家。

这就是媒体演讲者。他们在商业、销售、管理、领导力、个人和职业发展，以及幽默感等诸多方面发表演讲，也是被一次又一次地预定，因为他们总是能够让听众感到愉快，名声也就由此传播开来。

## 顶尖演讲者的两个特质

无论在哪个领域，无论是不是大牌演讲者，最优秀的演讲者都有两项重要的特质。

**高度的精力和活力。**他们能与听众一道，充分融入到激情的对话中去。他们热情、友好、讨人喜欢。很显然，他们与听众相处愉快，把听众视为自己的朋友、同事，与听众分享自己的想法对这些人来说也是一种享受。

**出色的内容和表达。**听演讲也是一种形式的“娱乐信息节目”。人们总是对听取和学习新的思想很感兴趣，优秀的演讲者会与听众分享优秀的内容材料。只有富于说服力且广受欢迎的演讲,才能为演讲者带来长远的成功。这样的演讲，人们必然会点头表示赞赏，交相夸赞他的演讲获得成功。他们也一定渴望再次听到这位演讲者讲话。

# 顶尖演讲者的擅长之举，你也应该做好

即使你并不打算成为一名职业演讲者，不妨也了解一下究竟哪些因素能够支持一位演讲者在听众面前有出色的表现。这对你学习提高演讲水平，在自己的圈子里成为一名优秀的演讲者会很有用处。以下就为你提供一些建议。

## 给会议策划者留下良好的印象

在会议组织和会务筹备的行业里，口碑是决定再次签约、为你赢得回头客的唯一、也是最重要的因素。在开始策划会议，确定受邀演讲者人选，特别是标价很高的演讲者人选之前，会议的策划组织者一定已经是胸有成竹，确信这位演讲嘉宾能吸引到很多听众，并能够让听众满意而归。

因此在演讲的行业里，我们经常会说，演讲者的任务就是要让会议策划人保持状态良好。如果会议策划人聘请到一位优秀的演讲者，听众们都表示满意，并赞扬高级经理找对了人选，那么会议策划人肯定会是状态良好，还能不断获得升职加薪。这种情况下，通常演讲者也会再次受到邀请，甚至被推荐给其他会议。

举个例子，我曾经收到一家“财富 1000”上榜公司的邀请，在他们的年度会议上发表演说。公司总裁秘书恰好是我的粉丝。她说还在家乡的时候就曾经因我的演讲而受益，所以力荐我在即将到来的年度会议上作为主旨演讲嘉宾出场。而公司总裁从没有听过我的演讲，不愿意让一个他不了解的人参与如此重要的活动。然而，秘书说服了总裁，让他相信了我才是他们最好的选择。

会场上，我的演讲极为顺利，全体听众起立为我鼓掌祝贺。几周之后，我收到了一封总裁秘书的来信，她告诉我，总裁听了我的演讲非常高兴，她由此获得提升，现在已经担任管理工作，还得到 4 000 美元的加薪。

演讲者的口碑无论好坏，都会很快传播开来。其中的规律就是，你的最近一次演讲表现怎样，你的口碑就会是怎样。会议策划人在决定邀请某位职业演讲者之前，首先要让自己相信他的领导和听众都会对这位演讲者和他的最终表现感到满意。

## 与其他演讲者交流沟通

即使你的目标只是在自己的商业或社会圈子里能够通过演讲影响周围的人，你也可以以顶尖的职业演说家们作为榜样，向他们学习。就像他们做的那样，你应该尽可能多地参加演讲和研讨，认真记笔记，观察演讲者们在会议开始之前是怎样与听众互动的，当他们站上讲台时又是如何表达自己的观点的。

在你参加各类演讲或研讨时，要努力尝试面见演讲者，并与他们握手。感谢他们的光临，并向他们表示你期望聆听他们的讲话并从中受教。在这样的直接接触中，你不但能亲身感受顶尖演说家的一言一行，久而久之也会耳濡目染，作为一名演讲者自己也能有所提升。

## 潜心学习、研究和准备

为了争取最高级别的报酬和认可，许多大牌演说家和职业演讲者都遵循这几条规则。首先，正如我多次讲到的，顶尖的演说家演讲准备总是很充分。为了 1 个小时的演讲，演说者会花上 10 个小时阅读、思考、布局谋篇和彩排练习。这种情况屡见不鲜。

顶尖的演说家会努力了解与听众有关的每一件事。他们会询问与会者的年龄、职业和背景。他们会向之前已经接触过听众的演讲者询问听众的喜好。他们还要知道听众的收入情况和家庭负担等各方面的信息。

职业演说者还会阅读会议主办单位的介绍手册和其他一些信息，认真研究客户的网站。他们会了解企业或组织所在行业的相关情况，熟悉行业内的重大事件和发展趋势。

## 明确自己的目标

要像职业演讲者那样，你要彻底搞明白会议策划者第一时间就邀请你来演讲的真正原因。记住，你的目标是让会议策划者工作顺利、状态良好，只有准确了解会议策划者希望你达成的目标，你才可能做到让他满意。

我总是会提前询问我的客户，了解他们希望我的演讲能促使听众怎样说或怎样做。一旦我和策划者两个人都对这一目标清晰明了，我就开始按照这个目标组织自己的讲话。这个目标就成了我评估演讲效力的标准。

不久以前，有一位会议策划人，也是一家大型机构的总裁，他告诉我："你的演讲是我这 18 年来听过的最好的演讲。你讲到的每一个要点，都恰如我们在电话里讨论时你向我承诺的一样。"

接着，他又说，其他很多演讲者也都向我保证会根据我们听众的特定需求调整他们的讲话内容，但是结果他们根本没有做到。很多演讲者都认为"获得新的听众比开展新的演讲更容易"。抱有这种态度的人每次都只是简单整理一些一成不变的老观点，反复使用，根本不管他们是在对谁讲话。但是在演讲行业里，他们这样做不会撑得太久。

## 了解对方的话语

每个企业或机构都有自己特殊的话语，完全是与该机构的历史、文化和当下的活动等直接相关。对于自己受邀发表演讲的企业或机构，好的演讲者总是能够表现出非常熟悉和了解，这让听众们觉得他好像在这个公司或行业亲身工作过一样。

## 组织材料、布局谋篇

职业演讲者总是提前为自己的讲话组织材料、布局谋篇。他们反复写稿、改稿，把演讲稿的某一段论述或评述挪前移后。他们不断寻找方法，以更加风趣而有影响力的方式呈现自己的演讲要点。

## 回顾和演练

即使某个主题的演讲已经讲过多次，在完成初稿后，职业演讲者还要回顾全文，并进行彩排演练。他们深知，记忆力或是个人经验并不可靠。就像飞行员要认真对照飞行计划表核对每一个起降点，每一次讲话，职业演讲者都要对讲稿中的要点一一检查，坚持这样做，直到上台开始讲话的那一刻。

## 检查会场细节

顶尖的职业演说家都会提前到达演讲会场，检查会场的每一处细节，就像将军会研究战场的每一处细节一样。他们通常会检查三个最重要的方面：声音、灯光和温度。这三个关键因素中通常至少有一个方面需要某种程度的改变或纠正。每次都是如此，几乎无一例外。

人们说使用摄像机的意义就在于能够聚焦到某一个具体面孔。听众参加演讲，希望能看到演讲者的脸。其他的一切，他们都可以通过阅读书籍或收听音频节目来实现。因此，演讲者的面孔就是演讲中全体听众的注意力焦点和中心。

这就是为什么有些房间的布局会令我瞠目结舌。例如，有些酒店会场的舞台设置会使演讲者几乎是站在黑暗之中。灯光离演讲者有 10 ~ 15 英尺之遥。当会议主办企业的总裁走上台讲话时，听众席上的人们只能勉强看到他的脸，常常没人能注意或关注到他。

## 了解听众

职业演讲者会在演讲开始之前走到听众中去，并向大家问好。这样他们就能对听众有所了解。他们会自我介绍，再问问听众们做什么工作，并与大家简短交谈。当听众们看到研讨会前你与大家打成一片，他们就会自动地对你产生好感，并成为一名积极的、愿意对你表示支持的听众。当你站起身走向讲台的时候，你就已经赢得了他们的认同。

## 知道关键人物的名字

职业演讲者都不会忘掉一件最重要的事，那就是一定要知道关键人物的姓名，这样才能在讲话的过程中适当提到这些名字。有时候，我还会把一些评述的语言借关键人物之口说出去。例如，我会这样说，“你们的总裁，威廉·亨利先生，对你们生产和提供给消费者的任何产品、服务，总是要强调品质的重要性。”

这可能是总裁先生在年度报告、信件或电子邮件中写到的，也可能是我从他或她的个人介绍里听来的。我会把这段话读出来给大家听。当你在台上以某种积极、正面的方式提到你的听众，他们总会感到很高兴。

## 注意如何上台下台

专业的演讲者会完整地规划他们的开场和结尾，并反复彩排练习，做到“上台”“下台”都胸有成竹。

他们会与主持人一起把自己的个人介绍梳理一遍，让主持人也心中有数。主持人如何请出演讲者上台，这将会影响整个演讲的基调设定，因此不能有任何疏漏。这就是为什么好的演讲人介绍词一定要认真撰写，读来才能引起听众的兴趣和期待。

## 听众互动

顶尖的演讲者从讲第一个字时起，就注意与听众的互动了。他们有的是以短暂的沉默来聚焦听众，有的是用一段开场评论来抓住人们的注意力。我经常采用的方法是，走到讲台上，安静地站定几秒钟，然后热情地对大家说："感谢各位的光临。我保证各位一定会对我将要说的感兴趣。"

这样的开场白回答了听众们心里没有说出口的问题："我好奇你的演讲到底怎么样？"这个回答的效果立竿见影，能让听众席一下子热起来，让每个人都微笑着放松下来。只需这简单的几个字，他们一直纠结的问题顿时就化解了。

顶尖的职业演讲者还会让听众时刻保持专心听讲。为此，他们会向听众提出问题，先停顿一下，再自己给出答案；还会先讲述自己的要点，再重点指出其中的关键之处；还有些会通过讲故事的方式让自己要讲的信息变得更加形象生动。

## 把听众当朋友

顶尖的演讲者会把听众视为自己的朋友。他们总是面带微笑，告诉听众自己非常高兴能与大家见面、有机会到场分享一些想法让他们感到非常荣幸。这样，听众就能立刻知道你是否喜欢他们、是否愿意与他们相处。因此，你要时刻保持微笑、保持自身的吸引力，即使是在没有开口讲话的时候，也要带给听众愉快的感受。

## 运用所有可能的讲话方法

从演讲一开始，顶尖的演说家们就会向听众承诺，他所要讲的内容一定会让听众感觉有趣，并对他们有所帮助。演讲者经常会先讲一个故事，一个某人听过相同内容的演讲后就做出了人生中一次积极改变的故事。这些顶尖的演讲者们都掌握着一系列的修辞手法，以及很多在戏剧舞台和电影作品中经过多年检验的表达方法。

演讲者会让会场暂时安静下来，从而把听众的注意力吸引到自己身上，也给听众一点时间可以安顿下来，或是能消化一下刚才听到的要点。他们还会不断地提问，让听众能够适应演讲者提问、听众回答的这种形式。

关于推销和讲话，有一句谚语说：谁提问谁就能掌控局面。所以，如果你提出问题，就能在听众回答的全程都抓住他们的全部注意力。听众会全神贯注于问题本身，如果你的问题有多种不同的答案，就更能吸引到他们的注意力。

## 随时“换挡”

演讲不是推销。通过提出问题、解释答案可以随时调整节奏,为演讲“换挡”。你可以在讲出某个要点之前或是讲完以后，利用戏剧化的停顿或暂时保持安静来调整节奏；也可以在一句话的中间，在把你的观点和盘托出之前使用戏剧式暂停的方法。

顶尖演说家都是时间控制大师。他们在讲故事的时候会把一个故事分成几段，中间穿插各式暂停和戏剧表演，有时甚至会临时跑题说点其他的事，说完再回到故事本身。他们在讲笑话时总是以一种固定的方式进行。下面这个故事就是一个例子。

> 很多人拒绝为自己所处的环境承担责任。这让我想起奥利与斯文两个人的一个故事。许多年以前，奥利与斯文乘坐一艘老货船从瑞典来到当地。在北大西洋航行中，货船遇到了暴风雨。
>
> 奥利跑到斯文跟前问，“斯文！斯文！我们的船破了一个洞。船快沉了！”
>
> 奥利接着说：“关我们什么事？这不是我们的船。”
>
> 好吧，但是对听众来说，公司里发生的每一件事都是“你的船”。

## 沉入其中

职业演说家讲故事是为了详细而戏剧性地阐释他的某个要点，因此他们一定要让故事能够充分被人理解。他们会让听众仔细琢磨、消化自己讲的要点，并给听众留下足够的时间。这时，演讲者会盯着听众脸上的表情，直到听众脸上露出理解的表情。

同样，当你在讲笑话的时候，很重要的一点就是不能自说自话。听众想笑的时候就让他们笑个够，等到笑声逐渐变弱你再继续后面要讲的内容。

听众们喜欢被演讲者逗乐，愿意多笑一笑。作为演讲者，你不要剥夺他们思考和回顾的时间，也不要让他们听了你的笑话却连笑的时间都没有。

## 声音和肢体语言并用

职业演说家在现场的声音会更洪亮一些。这表明他们对自己所说的话充满自信。而他们的肢体语言也更加丰富，挥舞手臂、点头微笑，表现得活泼愉快。

例如，当你想要讲述一个重要的观点，可以配合张开双臂或提升你的音量。当你想要传递某个秘密的信息，可以身体探向听众，在嘴唇中间竖起手指，或是双手在嘴边合拢，做出不让声音传到第三个人的样子。

把双臂放在身体两侧。讲话的时候，你应该自然站立，让双手垂在身体两侧，不要像是霸王龙那样把手臂抬到半空中。

你可以用手指尖轻轻指向某个要点，以此达到强调要点的目的。要抬头挺胸，面颊微扬，在讲话中传递你的自信和沉稳。

在听众面前特别要做到的就是要热情地微笑。想象自己就像圣诞老人一样是全场的焦点，享受被人注视的时光，展示你的幽默，体会其中的快乐。把演讲当作自己的一场美妙的体验，从容地讲话，享受过程中的每一分每一秒。

**演讲小秘籍**

其实，学习演讲的唯一方法就是要一说再说，反复地练，不断地说，还要反复彩排演练，把这些专业演讲的方法越来越多地融合到你自己的现场表现中去。只要做到这些，你就能很快成长为一名引人注目的演讲者，不仅会收到各种演讲的邀请，每次讲话的回报也会越来越丰厚。

# 第 10 章

# 你的空间，由你掌控

我们无法让天下雨，但是只要我们用心，就可以让雨水流进预定的土地里。

亨利·卢云

作为一名演讲者，你演讲所在的空间也是决定你成功的其中一个关键性因素。你应该仔细检查演讲的环境，并做好充分的准备。

在演讲中有三个很关键的物理因素必须考虑到，这就是：（1）声音；（2）灯光；（3）温度。这也是在演讲过程中经常会出问题的三个方面。你应该听说过墨菲定律，可能会出错的事，最终总会出错。这一定律可能是由一些经常演讲或是在酒店和会议中心举行的研讨会上讲话的人发现的。

# 要知道有人会对你说谎

举办任何公开演讲，应该知道的第一个经验就是，酒店可能会对你说谎。我从第一次演讲，就有了这个经验，而且这个经验在我以后的演讲经历中也被多次反复验证，90% 的情况下都是如此，酒店会对你说谎。

就好像为大会、研讨会和各种讲话安排场地设备的人都上过某种特殊培训课程一样，他们对会议策划人和演讲者隐瞒、说谎，甚至编造事实，特别是在会议当天和演讲当时。

## 消防规定

一个他们最常用的借口就是“消防规定”。他们会告诉你，因为消防规定，所以他们不能怎样怎样。但事实是，他们自己不想改动房间或设置。他们所谓的“消防规定”是一个再明显不过的错误，但是可以用来吓退一些经验不足的会议策划人，让他们默认现状，只好接受不做任何改变。

每次我听到这个理由，只需简单地回复他们：“我的父亲是一个防火检查员，我对各种消防规定都很熟悉。请告诉我这些规定中哪一条说了不允许房间里做这样的安排。”这样的答复总是能够有效地反制。他们立刻放弃刚才的借口，开始配合我的要求。这种情况总是在不同的酒店、会议中心反复上演。

## “这是电脑控制的”

另一个常见的借口是：“开关是由电脑控制的，我们也没办法操控，除非是工程师在场。”

因为某种原因，工程师永远都是外出不在酒店，要么就是正在赶回来的路上。他 / 她或是正在开会，或是外出度假了，还有可能是正在处理其他紧急的情况。

# 怎样应付那些说谎的人

对你来说，组织现场设施的成功的关键是要保持礼貌、友善、有亲和力，但是同时，面对对方的工作人员也要能够温和地坚持自己的意见。你的目标一定是，要在工作流程的前期不让他们对你生气不满。他们是唯一能够帮助你的人。要让事情按照你希望的方向发展，这里我给你几条建议。

## 必要时也可以吓唬对方

有一次，我在佛罗里达州的坦帕市参加一个研讨会。房间里的温度已经达到了 27 摄氏度。人们满头大汗，把会议材料当扇子扇，满脸的不快和抱怨。大家纷纷起身离席，并要求会议主办方退费。

我让会议组织者致电酒店，请他们立刻降低室温。她不断拨打电话，但是始终没有效果。酒店方面给出了所有常见的理由。“工程师在忙；温度是电脑控制的；我们也毫无办法。”

最后，在茶歇的时候，我给总经理办公室打了电话，告诉他们如果不能在几分钟之内把室温降下来、不能把空调冷气打开，我们就取消研讨会，并且拒绝支付场地租金，还要起诉他们赔偿相应的收入损失。很神奇。就在我还站在那儿的时候，已经发觉吹起了空调冷风。我们经过了两个小时的恳求，听完了所有想象不到的借口，最后不得不以拒绝付款进行威胁。一听说我们打算不付钱，空调冷风就吹起来了，而且一直吹着，直到我们的会议结束。

## 拒绝付款

我总是鼓励我的客户给酒店的相关负责人打电话，告诉他们“如果不能立刻调节空调或室温，我们就拒绝支付场地租金”。这样做，几乎每一次，那些让他们为难的所谓的技术困难都能一下就得到解决，温度调低或是调到一个人体感到舒适的程度。

# 检查灯光

在会议演讲中灯光也非常重要。听众们的全部注意力应该都放在你的脸上，只是偶尔自然地一瞥才会看到你的道具。记住，70% 的听众都是“视觉型”的。这意味着只有看到的信息，他们才会对其进行加工处理。而另外 30% 的人是“听觉型”，即这些人只对自己能够清楚听到的信息进行处理和加工。你的工作是要同时迎合这两类人，并让他们对演讲感到满意。

当你走上讲台开始演讲，这个过程中大约 50% 的时间里灯光都会存在不同程度的问题。因为这个原因，你总是想尽可能早点到达现场，以便能够在登台之前先把灯光的情况彻底检查一遍。如果在你开始讲话以后哪里的灯光又出了问题，那就几乎不可能再做任何事后的修补了。

## 在哪里设置灯光

在舞台或电视制作中，人们会事先花上一两天时间布置灯光。他们安排灯光位置，前后左右进行调整，以便在整个舞台或演员位置不会有阴影。他们要确保从台下每一位观众的角度看去，舞台上的每一个人都能看得绝对清晰。这才是理想的灯光布置。

作为演讲者，你必须被全方位打光，在演讲全程 100% 的时间里，从两个侧面看去，你的脸上都必须没有阴影。就场地设备而言，很少有从头顶位置向演讲者打光的情况，灯光都是要从你的前方照射，否则你整张脸的下半部分都是暗的，那将会让听众对你产生非常负面糟糕的感觉。

## 歌剧魅影

有一次在酒店里演讲，我们要求提供额外的灯光，酒店的回答（记住，酒店方面经常会说谎）是他们只能找到一架灯光设备。酒店的工作人员把这架灯光设备搬进会议场地，并布置在了听众席后方的一侧。在整个演讲过程中，灯光只打在我的脸颊一侧，给我造成了一种“歌剧魅影”的效果。

现场听众们的反应是即时而负面的。人们当然会生气、愤怒，不仅对演讲和会议进行批评，还要退场并要求会议组织者退费。因为某种原因，半边脸打光会让演讲者看起来阴险、邪恶，听众们会有负面反感的反应。所以，我们永远都不要再犯这种只有一架灯光设备的错误。

## 全部重点都在脸上

我为研讨会议安排布置灯光的时候都会告诉技术人员，要做到能让后排的观众无论从哪个位置都能看到我脸上的痘痘。我强调舞台上的灯光应该像歌剧院一样明亮。他们经常会对我点头假装认同，但背地里想的却是“你根本不知道自己在说什么”。所以，作为演讲者的你必须要非常坚持自己的意见。

很多情况下，工作人员为你布置舞台或是讲台都是出于方便电子屏幕显示的考虑，而不是为了照亮演讲者、让观众能够看得清楚。工作人员会这样说：“如果我把所有灯光都打开，屏幕显示就看不清楚了。”对此要提高警惕，因为这种情况总是发生。你要坚持自己的意见，不要管屏幕怎样。你脸上的灯光效果是真正重要的。

## 提前检查

几年前，我曾经在加利福尼亚州的尔湾市参加一次研讨会议。我的那场演讲要讲一个下午。同往常一样，我在上午不到十点钟就到达会场，这样就可以看到前面演讲者的发言情况。

当我走进会议室，一流的凯越酒店的会议大厅，却只有半壁灯光。整个房间就是一种半黑暗状态，简直就是个夜店。几步开外之处，演讲者隐约可见。这场面令我震惊。

我立刻找来一位酒店的工作人员，问道："你有什么办法能让这房间里的灯光变亮？"他的回答是："哦，你是想让灯光全部亮起来吗？"

当我肯定地回答他时，他快速走过去按下墙壁上的开关，整个房间立刻像教室一样全都亮起来，几乎把我和现场的所有听众都吓了一跳。可是，在刚刚过去的两个小时里，所有人都不得不绷紧神经、睁大眼睛，才能勉强看清演讲者演示的内容。

## 这可不是夜店演出

对我来说，这已经是最常见的问题。无论何时，只要我被邀请去做演讲，一定会告诉邀请方演讲大厅里所有的灯光都要打开。我会对他们说："这可不是夜店演出。"

令我惊奇的是，竟然有很多专业的灯光技术人员认为，演讲者希望自己被照亮而让观众坐在黑暗之中，因为如果观众席也灯火通明的话，耀眼的灯光会让演讲者感到刺目而无法看清观众。这样做会带来的另一个问题是，从观众角度看演讲者就像是在看舞台上的一出表演。人们安静地坐在黑暗里观看演出，不发出一丝一毫的声响，也不会对演讲者做出任何反馈，更别说台上台下的互动，就像是一只只鼹鼠在地洞里注释着灯光下、讲台上的演讲者。

切记，除非你是个职业俱乐部或夜店演员，否则你不会想要那种所谓的"在桌面的高度点亮一百支蜡烛"似的灯光效果。也就是说，演讲的整个房间应该像学校的教室一样明亮。你希望人们能够看清彼此，也看清楚你，希望大家能够跟着你讲的主题随时记笔记。听众能否对演讲感到满意和喜欢，这一点是至关重要的。

# 演讲大厅的布置

在任何会议现场负责布置桌椅的工人们都不会有很高的收入。甚至他们中的一些人都读不懂你与会议组织者详细讨论确定的说明。他们的目的就是进房间、摆桌椅，越快越好，然后在有人提出任何调整改动意见之前就马上离开。

## 监督场地布置

我们在各地巡回举办研讨会议时，我总是会亲自到场监督场地的布置工作。我们知道现场总会出现一大堆问题，而我们必须在负责布置的工人们还在场的时候就解决这些需要重体力搬运的问题。

我们曾被无数次告知预定好的房间还在使用中，负责布置和搬运的工人要到凌晨 3 点才能够到达会议场地。我总是回答他们："好的。那我们就 3 点钟开始布置会场。"一次又一次地证实，每当我们在凌晨 3 点钟抵达会场，总是看到他们已经布置完了会议现场，而现场情况总是毫无意外地出现各种错误。此时，布置和搬运的工人们早已不见踪影。于是，要把工人都找回来，按照我们最初要求的那样重新摆放桌椅。这又是一个大麻烦。

永远不要想当然地以为这些演讲准备工作一定会进行得很顺利。每次进行会议准备，我们都会写一份清楚的现场布置说明，用图示说明，再通过邮寄或传真的方式提供给会议策划人。之后，我们还会打电话或当面提醒他们，并与他们逐一讨论，确保他们对每个细节都准确掌握。

## 没有想当然

但是即使在你完整、详细、精确地解释了你希望如何布置会议大厅之后，对方还是完全理解不了什么才是你想要的样子，或者根本就把你写的各种说明扔到一边。几乎每一次都是如此，少有例外。这就是亲自到现场监督、检查一切细节并根据需要做出调整的重要性所在了。

作为一名演讲者，多年来我的成功有相当一部分原因是来自我对于听众舒适性的近乎强迫症似的担心和忧虑。从我的第一次演讲——一场只有7名听众的演讲会开始，我就为了让听众能够清楚地看到我考虑了很多细节，并把每个问题都一一写下来。我安排并确认好座椅和桌子的摆放，最大限度地保证听众坐席舒适，并且能够看清楚台上的演讲者。

自那以后，虽然听众人数不断增多，但我对于听众舒适度的考虑从没有放松过。这些年里，我做过上百场演讲，到现在已经变得对任何能提升听众感受的小变化都非常敏感而挑剔。

## 让所有人都能看到你

无论是坐在哪个位置，每一位听众都应该能够清楚地看到你。这要求任何时候，你都应该尽可能安排半圆形的听众席，就是以讲台位置为中心划定半圆形，然后逐排向后扩展地摆放座位，就像是在艺术中心的演出一样。如果听众人数更多，两侧的座椅还应该成45度角摆放，以便听众坐在椅子上可以直视讲台，不必扭动或旋转身体。

第一排应该足够靠近主讲台，让你可以接触到第一排听众，就像是实时艺术剧场的第一排座椅那样。第一排的听众距离你越远，你的声音就要传得越远，这样才能让所有人都听得清楚。

## 让听众相互靠近

想象你的声音和力量也是一种形式的电能。你想创造一道电力的弧线——一种与听众之间的情感和化学的联系。第一排听众离你越近，这种电的感应越容易传递和见到效果。在第一排之后，它还会传到整个听众席去。

任何演讲，请尽可能不要设置中央通道。因为当你正对着中央通道讲话，声音和力量都会顺着中央通道直通会议室外面。

但是，如果听众在你面前坐成很多横排，你的能量倾泻给第一排听众之后，会将人与人、排与排连接起来。你可以把会议厅的入口和通道出口设置在两端，只要还有其他选择，就不要让中央通道直通门口。

## 向前移动

很多酒店或会议中心认为，如果他们把桌椅摆满整个房间，你对房间的整体感觉会更好。当然，事实并非如此。人们不会在乎他们身后的空间有多大。他们只在乎自己与讲台上的演讲者之间离得有多远。

在剧院里，距离舞台、演员和表演者越近的座位，票价也会越高。这其中有很好的理由。因为人们距离演讲者越近，就会越开心，能近距离看到演讲者，听众听讲会更加专心，对整个演讲也会感到更愉快和满意。

会议场地提供方把第一排座椅放在距离讲台一二十英尺的地方，这种情况倒也并不多见。我把这种称作“朝街道对面大喊”的演讲模式。遇到这种情况，你就真得花大精神、运足气力，才能与第一排听众们形成互动。这不但难度大，而且几乎不可能。

但是，如果你到达会场足够早，就可以要求工人们把最后几排的座椅和桌子搬到前面的空地。我经常会让他们把至少最后三排桌椅填补到前面。我希望能够与前排听众近距离接触，最好我一伸出手就能触到他们。

## 分散摆放，保持座椅间距

与座椅摆放相关的最后一点是：标准的会议中心、酒店或是会议座位安排都是根据以前人们的情况设计的，参考的人体高矮胖瘦标准都要低于今天的实际情况。因此，如果所有椅子都是肩挨肩地摆放，中间空隙不足——

有时候甚至是一个紧挨一个，毫无空隙，多数观众都将被身边大体重的邻座挤向一边。这样，整个演讲过程中，人们只能是肩膀错开或紧密地挤在一起听讲。

如果你能够决定座椅如何安排，一定要给两个座椅之间留有可以回转的空间，大约两个椅子之间要有至少4英寸的距离。这能让观众坐得舒适、放松，对你演讲的品质也就不会过于苛刻挑剔了。

如果听众感觉座椅太小，自己挤在座位里很不舒服，那么想要跟听众形成互动也会很有难度。特别是如果第一排座位距离演讲者有20~30英尺那么远，想要有所互动就更是几乎不可能。这些对你都是看似微不足道的小毛病，却是听众眼里的大问题。

如果会议中心的工作人员有所抱怨，用“消防规定”这样的说法来搪塞你，就告诉他们你已经向防火安全员了解过，并且他已经批准了你的要求。这样回复他们，总能屡试不爽。

## 把控舞台

确保听众能看清舞台是所有演讲或发言的关键因素。听众人数越多，舞台就应该越高。

这里面的规律是：必须让坐在最后一排的人也能够看到演讲者的腰部以上的整个上半身。因此，听众人数越多，座椅摆得越靠后，舞台的高度就要越高。

你应该留意过，在大型剧院里，舞台总是非常高的，甚至超过第一排听众的头部。这就是其中的原因。所有人来到剧院，无一例外都希望能看清楚台上的演员或是表演者，特别是他们腰部以上的位置。

有些演讲者喜欢走下讲台，走到听众中去。我个人认为这样的做法很聪明，但是没什么效果。为什么？因为当演讲者走到听众中间去，80%～90%的听众都看不到他，更看不到他或她的表情。所以，这样做对那些演讲者身边的听众或许是比较有趣的，但对于大多数听众是一种损失。

## 了解音响系统

过去几年里,酒店或是会议中心的音响系统品质都有很大的提升。然而，正如我在第 8 章里提到的，大多数会场都想尽量节省开销，所以在建筑工程收尾时往往会安装廉价的音响系统。于是，他们就建议会议策划人自带或是从酒店、会议中心租赁昂贵的音响设备，而大音量的音响系统就成了举办演讲活动的会议中心主要的利润来源。

我曾与很多会务公司和专业组织一起工作，他们都会租赁或自带音响技术人员。虽然成本有点高，但这也是比较推荐的方式。大多数在酒店工作的人都不会很在乎音响系统是否工作正常、声音效果对讲话人而言是否清楚。这有点可悲，但却是现实。

## 麦克风

当今应用的最好的音响系统就是一条能够贴合脸颊、挂在耳朵上的皮肤颜色的细连接线。听众们几乎看不到，但它却像一个鸣钟一样可以把声音传到整个会议大厅。这样可供演讲者使用的科技产品正越来越多。

### 颈挂式传声器

今天，可供使用的最常见的替代品就是有线或无线的颈挂式话筒。无线的颈挂式话筒最好，它可以别在你的领带或是西服翻领上，通过连线与别在你的腰带或后背上的另一端设备连接，而这个设备又与会议厅一侧或是后部、由音响操控员管理的扩音器相连接。使用这种麦克风，你可以随意走动，双手也可以得到解放，所以我们通常也把它称作“自由式话筒”。

另一种颈挂式话筒，是一种靠硬件连接的麦克风，直到技术进步的今天，我都还一直使用。这种麦克风通过长长的缆线与音响系统连接。它无法扭曲，往往更适合演讲或讲话。如果你有能与这种麦克风配合使用并且足够长的电缆绳，你也可以在演讲时随意走动，不受限制。

**手持式麦克风**

如果你只是一般性介绍，或者只是简单说几句，那么使用这种麦克风比较理想。但是如果要做比较长的演讲，手持式麦克风就会一直占用你的手，你做任何手势都只能靠一只手比画，整个演讲过程中都会影响你的自然表达。

如果你使用手持式麦克风，肯定不想让观众们看到话筒正挡在你的脸上，所以一定要把话筒放在下巴之下、贴近嘴的位置。话筒位置稍低于下巴，又尽量靠近，才能让你的声音听得清楚。

## 讲台的管理

很多商业演讲会让你站在讲台后面说话。讲台上会放置一到两个麦克风。你要把麦克风尽量调整到贴近嘴的位置，然后站直，身体略微前倾，对准麦克风讲话，让听众席上的每个人都清楚地听到你的声音。

演讲者经常犯的错误是站得离讲台上的麦克风太远。他们意识不到自己的声音无法让所有听众都听到。所以，演讲者身体适当前倾、靠近麦克风是很必要的。

演讲者还要注意一点，避免把身体靠在讲台上。这会给人懒散、无精打采的印象，连你讲的话人们也会觉得不确定、不敢信。你可以用手整理文件或笔记，但是不需要整理的时候，应该让双手垂放身体两侧，也可以配合强调要点自然举手，但不要让双手一直是扶在讲台上。

要做得更好，你可以在讲话时站到讲台的一侧，只在需要查看笔记的时候才走到讲台的后面去。观众们越是能看到你的全身，他们对演讲的整体感受就会越好。

## 配合使用视觉辅助道具

如果演讲时间超过 60 分钟，我总是会使用某些视觉辅助道具或演示文件来帮助阐释我的观点。这是因为 70% 的听众对信息的处理是要看得到才能记得住。他们必须要看到你把演讲的要点写出来。

我最喜欢用的设备是老式的投影机。通常我会站在投影机的一边，往塑料幻灯片上面写字，就能够被投影到我身后的屏幕上去。每讲到一个重要的观点，我就会轻按一下投影机的按钮，并清楚地把重要观点写到幻灯片上，等上几秒钟让观众都能看到，然后再关掉投影机，继续我的讲话。我还会用这种方法画简笔画和其他的图示方法，使我演讲的要点更加生活化。

很多人都批评我说，现在幻灯片已经非常常用，你怎么还用投影机这种过时的图示方法。然而，当他们感受到随时写下每个关键词，看完后再关掉投影机的好处时，就明白这种实时演示的方式比幻灯片更好用。

### 致命的幻灯片

正如我在前面讲到的，在演讲行业我们常说一句话："致命的幻灯片。"当幻灯片发明出来以后，有太多人把它当成最核心的演示道具，忘了还有自己的声音、文字和手势。幻灯片承载信息的重负远超过它实际的能力。

如果你使用幻灯片或其他事先准备好的可视化工具，就要运用这一工具让观众时刻把注意力焦点放在你的言行和品格上。我在小型会议上使用幻灯片演示要点时，一次只显示一行，充分讨论或解释这一行的文字，然后再显示下一行。永远不要同时显示整页幻灯片，再把所有文字从头至尾读一遍。因为在你讲话的同时，每位听众都会上下打量幻灯片，不会把注意力放在你身上。

## 面对观众

在使用幻灯片的时候，一定要把笔记本电脑放在你跟前，以便你能看到投射到你背后或旁边大屏幕上的内容。不要对着大屏幕讲话，也不要背对观众。演讲过程中，一定要保持观众的目光接触，每讲完一个要点，想要做一段口头阐释，可以按空格键让整个演示文档回到黑屏状态，让所有听众的目光都回到你身上。

## 记住 5x5 原则

使用幻灯片要遵守 5×5 原则：每页幻灯片不要超过 5 行文字，每行之内不要超过 5 个单词。每个单词要尽量放大，让后排观众都能够轻松看清楚屏幕上的文字，并吸收演讲中的要点。

记住幻灯片只是一个道具、一种支持手段，不是主要信息。这一工具可以在演讲时帮助强调和突出要点内容，特别是一些数字信息。

## 挂图式书写板和可擦写白板

如果听众人数较少，你可以配合使用挂图式书写板或白板。但是不要忘记，应该始终保持听众以你的面孔、手势和语言为关注焦点。如果想使用挂图式书写板，就要提前准备，用铅笔把你的要点写在挂图纸上。虽然观众看不到这些文字，但却可以在演讲中提示你板书的内容。

使用挂图式书写板，在你写完一个要点，听众们消化吸收了你写下的文字、数字和图表等，就翻到下一页。这样你就又有了一张白纸可以写写画画，也让听众能够精神集中。

使用挂图式书写板的另一种方式是，事先把你的要点写在一张书写纸上，在上面再盖一张干净的白纸。这样，当演讲开始时听众们看到的是第一张干净的白纸，当你走上前去翻开第一张白纸，下面一张写了演讲要点的书写纸就显露出来。

如果你使用白板，在写完并讲完相关要点后，要把白板擦干净，方便稍后再用。否则，观众们的目光会在你和白板文字之间转来转去，就像汽车窗的雨刷一样。

任何时候都要让听众把关注焦点放在你的脸上，防止他们因为板书或屏幕投影分心走神。

### 仔细检查

如果你要在演讲中使用幻灯片或任何种类的电子设备，非常有必要提早抵达会场，在上台之前检查所有必要的事项。即使专业工程师也经常会搞错，即使是简单的指示也可能被忽略或误解，不要为此感到惊讶。只有一种方法可以确保你的演讲演示顺利进行，那就是要在上讲台之前先在听众面前设置并进行实景彩排。

## 控制温度

演讲会场十有八九温度都令人不适。有时候太冷，但多数情况是太热。原因很简单：空调耗电，费用很高。一旦酒店一方把会议厅租给你，其中也包括了设备成本。他们就会通知工程师尽一切努力减少给你的房间配电。所以他们会尽可能关掉空调，或是根本不打开。

我总是强调当观众走进会议大厅时感觉清凉舒适的重要性。但是，即使在凌晨六点，很多会议厅的室温也达到 27、28 摄氏度，也没有人值班开空调。经常逼得会议策划者不得不大喊大叫，让设备经理来打开空调。

## 设备负责人不可信

你为什么要仔细检查设备？我可以给你举个例子。几年前，有一次我在波卡拉顿参加一场研讨会。喊了几次、争辩了半天,连哄带骗,又恳求又吓唬,酒店工作人员终于开了空调。当时温度达到 30 摄氏度，听众们已经开始离场了。最后，当研讨会一开始，温度就降到了 23 摄氏度。我站起身讲话时，你可以听到空调又被工程师给关掉了。会场内一片寂静，温度又迅速攀升到了 32 摄氏度。简直无法想象。

## 理想的室内温度

从听众角度来说，最佳的室内温度应该是 22 摄氏度。低于或高于这个温度，头脑就不能高效率地思考工作。你不得不与酒店或会议组织方争辩，恳求和威胁他们才能让会议室清凉下来，你的听众才能感觉舒适一些。

如果由你来安排会议设备，可以在合同里增加一项条款，特别明确 22 摄氏度的室内最高温度。例如，“如果市内温度连续 5 分钟超过 22 摄氏度，即应免除支付房租费用。”

我有些朋友举办全球会议时就会使用这一条款，还在会议室各处、参会者的座位附近放置温度计。他们固定时间检查这些温度计。如果其中哪个显示室温超过 22 摄氏度，他们就立刻给酒店工作人员打电话指出问题，警告他们再过 3 分钟，按合同就要取消支付房租费用了。有了这一项条款，光设备费用方面，他们就节省了数千美元开支。当然，酒店会很恨他们。

最后一点：当酒店最终同意保证 22 摄氏度的室温，他们会说：“除非有我本人的特许，不会再调整温度。”听众中总会有怕冷的人。如果温度降到 22 摄氏度，他们就开始抱怨太冷。这种超级敏感的人会溜出去找到酒店工作人员，要求他们调高空调温度，再回到会议室。不要让这种事发生在你身上。

**演讲小秘籍**

会议室和讲台都是影响你演讲表现的重要工具。每一个单一元素对你给听众留下的印象都有正面或负面的效果，无一例外。

准备好你自己的验收清单，包括灯光、舞台、声音、温度。自会议开始前按照验收清单，与会议策划人一一核查。尽早到达会场以便能够与工作人员一起进行核查。

永远想着问题随时可能会发生。永远想着酒店不会告诉你实情。有一个标准口径，“别担心 ××；我们会安排好”，这些都是事情可能出错的信号。出于某种原因，说这些话就意味着“满足要求的事，都还没做”。

如果有丝毫疑问，都要向经理提出来。这是你最后的求助。然而工作人员也在努力安排好一天的事项，经理通常会对你在未来使用他们的设备很担心。如果有疑虑，就找更高层人员解决问题。

当你认真梳理了每一项具体的设备和硬件，那么就没有人比你对此事了解得更全面和清楚。听众们甚至不知道他们能舒适地坐在自己的座位上，不必扭着身子看讲台，在这些背后，都有哪些人在给予支持和努力。他们不会意识到因为你的精心安排，才有了演讲会场舒适的温度，才使得每一位听众都能看清楚演讲者。他们不会有意识地了解到这些事，但是会在潜意识中生出感激之情，也会为此赞美你的演讲表现。

第 11 章

# 精彩结尾，惊艳收官

全力以赴，你才会成功。一切竞争都不在话下。

阿尔伯特·哈伯德

好的演讲或研讨会就像是一出优秀的剧目、电影，或是一首优美的歌曲。它在开篇时即俘获听众的注意力，随后逐一介绍要点内容，最后有力地收尾。

你在演讲开头和结尾讲的话，特别是在结尾处的讲话，比演讲过程中其他时段的内容都更能被听众长久记忆。历史上一些伟大的演讲都是以激动人心的语言收尾，并从此永驻人心。

例如，在第二次世界大战中，温斯顿·丘吉尔就曾向与纳粹德国殊死战斗的英国皇家空军飞行员致悼词，“在人类征战的历史上，从来没有这么多人对这么少的人，亏欠这么深的恩情”。丘吉尔正是以这样一句颇有分量的话语向全英国人民发出了抵抗的号召。怎样才能为演讲创造出一个振奋人心的结尾，这里我为你们提供几点建议。

## 逐字逐句斟酌

演讲结尾想要尽可能富有影响力，就必须逐字逐句地斟酌如何表达。

当你自问“我演讲的目的是什么”，你的答案应该也包括听众在听过你对相关主题的演讲后能采取怎样的行动。如果你清楚自己想要的结果，设计演讲结尾和最终的结论，号召听众采取行动，就会容易很多。

想要一个掷地有声的演讲结尾，最好的策略就是要先于演讲的其他部分来筹划演讲结尾。有了结尾，再回到前面设计演讲的开头，充分发挥定场的作用，为结尾做好铺垫。演讲的主体部分则是你陈述观点、列举事例，调动受众思考、记忆并有所行动的部分。

## 号召式结尾

你期望听众在听过演讲之后会采取怎样的行动，告诉他们你的期望也是演讲成功的关键。向听众发出号召是为演讲收尾、加强力道的最好方式。举个例子：“我们遇到极大的挑战，但也是巨大的机遇，有你的帮助，我们就能顺利应对，使明年成为我们公司历史上发展最快的一年！”

无论你说的是什么内容，都可在演讲结尾处对一个要点进行解释。在你逐渐接近结论时，还要注意你讲话的力度与节奏。要把最后的要点讲到位。无论现场受众是否赞同或是否会按照你的倡议去行动，你对他们提出的要求必须要绝对清晰明确。

## 总结式结尾

任何讲话都有一个简单的公式，那就是向受众介绍你将要告诉他们哪些内容。先介绍,然后再开始你的详细说明。在接近演讲尾声的时候,你可以说:“最后让我简要重复一下我的主要观点……”然后列出你讲话中的关键要点，向受众逐个重复要点，并说明要点和要点之间的关联。对刚才讲过的内容进行线性梳理，这能让受众思路清晰，也把你的讲话带入真正的尾声。

## 讲故事结尾

当你的演讲接近尾声，你可以说:“让我来讲个故事。这个故事恰好能说明我刚才所讲的观点……”接着，给受众们讲一个带有某种含义的故事，再告诉他们其中的意义是什么。不要让受众自己去琢磨其中的含义。

你总是能够找到一个可以佐证自己观点的故事来结束你的演讲，再由故事回到你演讲的主要信息。下面我们就举个例子。

> 很久很久以前，有两个来自东部的好朋友。他们决定到西部去找金矿、发大财。他们发现一块地，觉得地下很可能埋着金矿。于是他们买下了这块土地的所有权，并开始了掘金。整整一年过去了，他们每周都工作 7 天，在这片土地上越挖越深，但是除了大小石块，什么也没有找到。疲劳、沮丧、受挫之后，他们只以几美元的价格把这块土地卖给了另一位找矿人，然后收拾背包，准备回到西部去另找工作，开始新的生活。

可是，不久以后他们就听说，后来那位找矿人请了一位勘探工程师来勘测和评估。经过一番研究，这位工程师得出结论：这块土地下面确实藏有黄金，只是之前挖的方向不对才挖不出来而已。工程师预测，只要这位新地主沿着反方向挖掘，就能找到金矿。

就在前面两位掘金者放弃的地方，相隔两英尺之处，新的掘金人发现了金矿的母脉。几年之内，这个金矿就挖出了价值超过 4 000 万美元的黄金。最初的那两位掘金者轻易放弃了如此巨大的宝藏，原因就在于他们没有专业知识，也没有勘探工程师的帮助。

当这两个年轻人听说了挖出金矿的事，他们做出了一个彻底改变他们生活的决定。正是这个决定，也让他们走向成功。他们下决心要在以后的工作中更努力一些、挖掘得更深入一些，在他们进入的任何一个有风险的商业领域都要聘请最好的专家来提供最专业的服务。

女士们、先生们，我们现在也是在掘金。在我们面前，发展的空间无限。让我们的团队知识共享、深入挖掘、努力付出，永不放弃，直到取得成功的那一天。

## 幽默式结尾

你也可以设计一个幽默的结尾，用一个笑话回应你的主题，或是用你在讲课过程中说到的、大家都觉有趣的某个笑话来重复你的重要观点。

在有关“计划与坚持”的主题演讲中讲到“我们最大的敌人就是缺乏持续性”时，我会给听众讲这样一个故事：

奥拉和斯文在明尼苏达州外出打猎。他们射中了一头鹿，拽着鹿尾巴走回卡车去，但是手不断打滑，根本攥不住。

一个农民从远处走来。农民问道："你们这两个孩子在干什么？"

两人回答："我们要把这只鹿拖到卡车上。"

农民告诉他们："你们不能只拽着鹿尾巴，要抓犄角，那是上帝赐予的，叫作鹿角。要想拖动一只鹿，就得抓它的鹿角。"

奥拉和斯文说："非常感谢你这个办法。"

于是，他们抓着鹿角开始拖拽这只鹿。仅仅 5 分钟后，他们就已经走出了一大段路。奥拉对斯文说："斯文，那农民真说对了。抓鹿角可要简单多了。"

斯文回答他："是呀，奥拉。但是我们离卡车可是越走越远了。"

会场里一阵大笑。笑声过后，我对大家说："生活中大多数人都会更乐于选择简单易行的方式，但是他们距离自己真正的目标和方向——'卡车'却是越来越远。"

## 诗歌韵文结尾

在演讲的结尾处，你也可以朗诵诗歌收尾。有很多精妙的诗句，其中也包含了你想要总结的要点信息。你可以选择那些感人至深、语气强烈、饱含情感的诗句，为听众们朗诵这样的诗句，让你的演讲有一个精彩的结尾。

前几年有一次，我的一位好朋友去世，我要在他的葬礼上念诵悼词。我的这位朋友死于脑肿瘤。他年轻时曾是一名飞行员，并且参加过第二次世界大战的空中战斗。他从没有忘记过那段在北非战场上的特殊经历。当我介绍完他对自己的家庭、朋友和所在社区做出的巨大贡献之后，我还为他朗诵了一首诗——《空军》。这首诗正是为一名逝世的空军士兵而作，诗的结尾说道："他冲破大地的束缚，触摸到上帝的面庞。"

总结好人一生的奉献，并以对到场人士的激励和鼓舞作为结尾，是一种非常好的演讲结尾方式。

## 激励式结尾

讲一些能够鼓舞和激励人心的话，也是一种常见的演讲收尾方式。如果演讲是一次积极向上、充满正能量的讲话，那么记住一点，希望始终都是人类共同的信仰。人们乐于听到鼓舞、激励的语言，鼓励他们去从事某项事业，并在未来的日子里有更优异的表现。

记住，你的听众每个人日常都要处理各种困难、解决许多难题，还要面对不同的挑战、失望、挫折，以及各种突如其来的失败。因此，每个人都愿意听到那种能够赋予他们力量和勇气的鼓舞性话语，可以是一个故事，也可以是一首诗歌。

多年以来，我总是喜欢用诗歌来作为我在会议上演讲的结尾，有时候朗诵《不要止步》，也有些时候会给大家朗诵罗伯特·威廉·瑟维斯的诗歌《继续向前！》，现场的听众们总是很喜爱这种方式。

当你在讲故事或背诵一首诗歌的时候，一定要像一个演员那样站在台上。你要放慢语速、感情充沛，像戏剧表演那样讲话。认真练习这本书中的所有技巧，在读到诗歌的关键语句时提高音量，在讲到一些温情感性的句子时降低语调。无论是讲故事还是朗诵诗歌，随时根据内容调节语速，简要叙述的可以加快速度，而值得记忆怀念的部分则要尽量放慢速度。

还要特别指出的是，演讲时的停顿应该达到你平时讲话中停顿次数的两倍左右。要善于在关键段落之前或之后运用戏剧表演式的停顿引起听众的注意。在一句诗的结尾处利用感知型停顿让听众有时间消化吸收你所讲的内容，以便在后面的演讲中还能够继续跟上。讲到有趣的内容要微笑，遇到发人深省或是感人至深的段落也要保持严肃的表情。

当你的演讲快要结束的时候，一定要在说最后一句话时提高音量。千万不要在演讲最后把语调降下来。切记，在演讲最后要有一处“感叹点”。

## 让大家知道演讲已经结束

当你说到最后几个字的时候，一定要让在场每个人清楚意识到演讲已经结束。不要在听众头脑里留下任何歧义或不确定的感受。听众应该明确知道这已经是演讲的结尾，你的讲话结束了。

很多演讲者只是比较随意地停下来。他们会说“那么，今天就到此为止。非常感谢各位的光临”。这并不是最好的方式。这种演讲的结尾方式不够有力、不够权威，你的可信度和影响力也会因此受到影响。

当你准备结束演讲的时候，应该站得笔直，让自己的精神也紧张起来。在听众中间找一些温和友善的面孔，目光直视他们。如果场合适当，还可以面带微笑注视这位听众，给出演讲已经结束的明确信号。

这时候一定不要收拾讲稿、整理衣服或是移开麦克风，也不要向前、向后、向左右两侧或任何地方移动身体。你只需要稳稳地站在那里就好，就好像一棵大树。

## 让听众为你鼓掌

当你结束讲话，听众通常都想要鼓掌致谢。但他们需要你给出一个明确的信号，告诉大家现在可以开始鼓掌了。

有些人会比其他人更早意识到你已经结束了讲话。多数情况下，在你结束了整个演讲并停止讲话时，听众席上会是一片寂静。他们还不太确定你的讲话是否已经彻底结束，还在琢磨你最后说的那几句话的含义。如果没有人示意或带头，他们可能不知道接下来该如何去做。

此时此刻，虽然只有几秒钟时间，却往往让人感觉是几分钟。接着，人们开始鼓掌，先是只有一个人，接下来是另一个，然后整个听众席都开始为你鼓掌，表示谢意。当有人第一个开始鼓掌时，你要直视那位听众，微笑，并对他说“谢谢”。

当越来越多的人开始鼓掌，掌声、微笑和点头致意就会席卷整个听众席，人们纷纷对你表示“感谢”。最终，整个会场都将充满热烈的掌声。

## 起立鼓掌

如果你的演讲是在讲台甚至整个会场里不断走动，边走动边讲话，与听众有近距离的互动，那么在演讲结束时应该会有人起立为你鼓掌。此刻，你应该直视这位起立鼓掌者，向他表示感谢，并以此鼓励其他人也加入到鼓掌的行列里。这样做往往能够鼓舞听众们也纷纷起立鼓掌致谢。当人们看到有其他人带头站起来，自己也就会起身鼓掌致谢。

对演讲者来说，以安静站立的方式结束自己的讲话，同时让整个会场也都保持安静，这种情况十分少见。作为演讲者，更为常见的情况应该是自己得体地站在讲台上，待听众意识到演讲已经结束，听众席上会爆发出热烈的掌声，人们一个接一个地从座位上起立鼓掌致谢。

如果坐在第一排的听众离你很近，恰好其中有人起立鼓掌，那么你可以前倾一点或是走上前去与这位前排的听众握手致谢。当你与某一位听众握手时，其他人也会有一种正在与你握手、接受你致谢的感觉。于是，他们也会站起身来为你鼓掌喝彩。很快，整个会场的听众都将起立鼓掌。

无论听众是否为你起立鼓掌，只要会议主持人或组织者走回讲台，并代表听众向你表示感谢，你都要微笑致谢，热情地与主持人握手。如果场合适当，还可以给主持人一个拥抱，向听众们挥手表示友好和谢意，然后从一侧退出，把讲台留给主持人。

## 演讲的力量

在任何商业谈判以及社交场合都能做到高效、适度的表达，这种能力对你的整个人生都将产生巨大的影响。它能使你成为众人的焦点；让那些能够对你有所帮助、为你打开成功之门的人发现你、了解你，帮你获得更好的工作机会、更快的晋升路径。

最重要的是，无论是面对个别听者还是庞大的听众群体，你的表达能力能够帮助你提升自信。当你认识到自己可以通过不同方式影响和说服他人，你的潜在能力将得到极大的发挥，从而让你取得更大的成绩。

最令人高兴的是，这种能力完全可以通过后天的反复练习获得。潜力与机会都是无可限量！

**演讲小秘籍**

你的演讲结束语能够对听众产生巨大的影响力。所以要注意措辞、仔细琢磨。原本你的听众们不会有这样那样的想法，但是听了你的演讲，他们不但会思考、体会，还会有所行动。你甚至有可能改变他们的人生。

# 第 12 章

# 销售演讲：提升说服力

没有销售就没有一切。

莱德·莫特利

我们每个人日常都是处在一种向人销售的状态中。唯一的问题是，对此你是否擅长？多数人都害怕向人销售，因为你的销售很有可能遭人拒绝，你想让对方接纳你的想法、买入你产品的尝试最终会彻底落空。因此，每天处于销售的状态，这会让大多数人感到疲累受伤。

正如我在第 3 章中所说，人们害怕失败和被别人拒绝。这种害怕心理总是笼罩着人们的内心和感受，因此我们在生活中总是刻意避免将自己置于这种可能失败或是遭到拒绝的情况之中。

人们在相处和进行互动时，会选择彼此有较高接受度的人。在择业时，会选择失败或遭拒概率较低的行业和岗位；在社会关系中，会选择能够任由自己保持现有状态的人成为朋友。

## 说服是一把钥匙

然而，我们每个人每天都在销售。我们希望他人接受自己的想法、观点。让爱人跟你去特定的餐厅吃饭是在销售，哄自家孩子上床睡觉也是在销售，每个人，无一例外都始终需要销售。

当然，人们自己并不这样认为。举例来说，我曾经给一屋子的高级会计师讲课。他们全都来自某家国际知名的会计师事务所。这家会计师事务所专门请我去讲授说服的技巧。一开始，我就问他们："在座的有多少人是销售人员？"

房间里鸦雀无声。为什么这些会计师会选择会计行业，原因之一就是这一职业永远不必向别人销售什么东西，而潜在的被拒绝的可能性也很低。要销售某个东西的情况从来不会出现在他们身上。

我停顿了几秒，接着说，"可能我的问题不够清楚。在座的有多少人要负责销售？"

仍然鸦雀无声，但其中一位资深管理者抓到了我问题的真正含义。他慢慢举起手，随后又向四周看看。当其他会计师看到自己的领导都举了手，一个一个开始醒悟了，原来他们每个人也都是一名销售员。

## 人人都是销售员

我于是又问："在座的有多少人是因为已经具备了为事务所拓展业务、

争取新项目的能力才来到这里听课的？各位的收入和晋升在多大程度上取决于你们为事务所拓展客户和增加年收入的能力？”

全场都毫不犹豫地举起手。“所以，”我继续说，“在座每个人都是销售员。唯一的问题就是，各位是否擅长于此？接下来的时间里，我就会为大家介绍几种方法。这些方法或许大家以前并不知道，但却实实在在能够帮助各位在工作中劝服那些挑剔的企业客户。”

## 销售自己，销售自己的想法

演讲也是销售的一种形式。适用于销售讲解的各种原则，也同样适用于面对公众的演说。毕竟，喜爱你、信任你的听众越多，听众内心对于接纳你信息的害怕担忧就会越少。听众对你的信任越多，他们对接受你的影响的程度也就越高。当听众对你毫不怀疑、彻底信赖之时，他们会听从任何你给出的建议。这就像是销售，面向任何个人及团体演讲，目标都是说服对方，无论从前他们的所思所想如何，在听过你的演讲之后都会以一种与从前不同的方式去思考和行动。

你总是会面对许多种选择：你可以选择成为极富说服力和影响力的人，也可以选择去做顺从、驯服、缺乏主见的人。你可以号召、组织众人配合你达成目标，也可以辅助、配合他人实现效果。一切选择只在你自己。

令人高兴的是，销售的能力是可以习得的技巧。今天所有顶级的销售员、营销大家都曾经只是普通销售员。在著名的营销人士中，排名最靠前的 10% 中有很多人都还是从垫底的 10% 开始一步步走到今天的。只要反复练习，你就能够掌握并精通销售的技巧——说服、沟通和有效地发挥影响。所有的销售技巧都是可以通过学习和练习获得的。

## 消除恐惧，提升有效性

在前面的章节里，我提到每个人都害怕被别人操纵或利用。没有人希望别人向自己销售自己不需要、不想要、用不到，甚至付不起的东西，也没有人想讲一些自己说过会后悔的话。

所以任何时候你遇到自己所售产品、服务或想法的目标客户和潜在市场，他或她都会出于过往的经验而表现出谨慎、怀疑和猜忌的态度。实际上，你是触发了对方怕犯错误的恐惧心理。此时，你的销售话术第一项任务就是要缓解、消除这种恐惧，代之以对你的信任和信心。

有时候我会问我的听众："在销售和社交生活中最重要的话是什么？如果有一个词能决定你能销售多少、卖得多快、盈利如何，决定你的生活水准、生活方式，以及你在工作和社交中精神世界得到多少满足感，这会是什么词？"

每当我问到这个问题，无一例外，场下总是一片寂静。接着，我告诉他们我的答案："信任。"无论是公共事务、演讲，还是销售，乃至生意场上，这个对成功至关重要的词就是信任。人们对你的信任程度越深，他们对你的言语说服接纳程度也就越高。

## 任何事都能影响你的信誉

生活中我们都见到过跷跷板。你与客户初次见面的状态，就好像是跷跷板，一头高高翘起，这代表着客户在与你相处过程中害怕做出错误决定的心理。而跷跷板的另一头位置很低，那是在初始阶段你的信誉度和客户对你的信任程度。

从第一次接触开始，你与客户每次打交道，无论是电话、电子邮件，还是你做的任何事，都将会影响到这个跷跷板的平衡。你的言行将为你的信誉度加分或是减分。一言一行皆须谨慎！

无论是讲话、走路、交流、穿着、与人握手，还是与目标客户互动，这些细节无时无刻都在改变你的信誉，使别人对你的信任或增加或减少。想要达成销售协议，让目标客户接受你的建议，一定要减少客户内心的犹疑和顾虑，把你的信誉度升高至她能够信心满满地与你合作。

我们说“每个人都喜欢买东西，但是没有人愿意卖东西”。面对各种商品、服务，以及别人企图说服自己的各种尝试，每个人都会怀疑、犹豫，保持审慎的态度。人们吃过一次亏、上过一次当，就会下决心避免再次受骗。你要消除人们内心的这种顾虑和担忧，有效的办法就是提升自己的信誉度，让对方对你充分信任。

## 有效销售七步法

无论是对个人还是团体，通常销售的过程包含七个步骤。当你经过初步练习获得了一次销售机会，就好像你要面对许多听众演讲一样，必须把这七个步骤熟记于心。如果你漏掉其中一步，所有销售和说服的努力都可能会付之东流。

### 定位目标客户

销售的第一步是定位目标客户——寻找在一个合理时间段内有可能购买你的产品或服务的客户。了解目标客户可以从明确谁才是你的理想客户入手。理想客户的性别、年龄、职业、受教育情况、现有职位，以及此前使用相关产品和服务的经历或体验，这些都是应该掌握的信息。

每年都有许多公司为市场调查投入大量经费，用以确定谁才是最有可能购买其产品或服务的消费人群。在你开始销售和介绍之前，必须要对自己的听众——你将要说服购买的人群做到绝对的了解。

### 了解市场的四个必须

因为要与不同类型的听众打交道，想让对方敞开心扉接纳你的意见建议（购买你推荐、销售的商品），有四项要求是了解目标客户时必须做到的。

首先，目标客户必须有某个痛点问题尚未得到解决。客户必须对此“感到不满”或存在让其感到烦扰困惑的明确的不适区域。在你开始销售之前，应该明确目标客户存在这样的痛点问题，并且你的产品或服务可以解决这一难题。

其次，理想的目标客户应该是遇到了某种困难或难题，尚未得到解决。有时候，这种问题对目标客户来说简单明了；有时候却很难发现和识别；还有些时候，所谓的问题根本就不存在。无论何种情况，你都必须能够将这一问题界定清楚，并有把握用自己的产品或服务解决问题，而且做到性价比合理。

再次，目标客户必须具有某种尚未满足的需求。她需要对生活进行某种改进和提升，你的产品正好能够提供这种效果。那么你的产品或服务能够实现的效果究竟是什么？

最后，理想的目标客户必须具有尚未实现的具体目标。你的任务就是明确你的产品和服务在适当的时间和投入范围内，能为客户带来怎样的改进效果，改进的程度和具体目标是怎样的。

### 目标客户与质疑者

在销售演示过程中，你要做的第一件事是要明确哪些是目标客户，哪些是持怀疑态度的质疑者。你可以问一些问题，以此来确定哪些人的痛点、困惑、需求或目标是你的产品和服务可以帮助解决或达成的。此处的原则就是“没有需求就无法产生销售”。

但是，即使在非销售性的讲解演示场合（例如商务会议、公司内部研讨会、学术交流会议的讲解演示），你的开场发言都应该至少问及最重要的 4 个问题中的一个，同时建议你在后面的讲话中给出你对该问题的回答或解决方案。

### 开头即陈明问题

在有关发展目标的演讲中，最受欢迎的演讲开头方式之一即是让听众对产品、服务或某种体验有所行动。例如，你可以这样说：

> 据保险行业的调查，今天每 100 名工作者，当他们到了 65 岁的时候，有 1% 的人会成为富豪，4% 的人会达到中产和富裕程度，15% 会有一定的存款，而其余的 80% 所面临的将是死亡、破产、靠政府津贴生活或是一直工作到老。在下面的时间里，我就将告诉各位你如何才能成为最前面的那 5%，拥有足够的财富，不必担心自己的生计。

## 建立和谐与信任

你可以通过善意的提问与对方建立一种和谐的关系。向目标客户问一些善意的问题，例如他最近正在忙什么，近来工作生活是否顺利，然后专心听他怎样回答。

要获取对方的信任，为自己的影响力加分，可以向对方介绍你的产品和服务。你的目标客户和听众正面临着某种难题和困惑，如果以往你的产品或服务曾在类似的情况下帮助客户解决过问题，那么向目标客户介绍当时的情况将能够促使对方对你产生信任。

问题对于建立和谐友好的关系十分有帮助。真诚的提问往往会告诉目标客户，你关心他的想法、感受，非常理解他或她现在的处境。

倾听有助于增强信任。当你在提问过后听取别人的回答时，一定要耐心专注。你听得越用心，留给对方的好感越强，对方也就会更加信任你，愿意接纳你的意见和建议。

**买方最喜欢什么**

美国全国采购管理协会（National Association of Purchasing Management）由成千上万名高级行政人员组成，经他们手为自己公司采购的产品和服务，金额达到上千万美元。美国全国采购管理协会每年都会针对这些会员做一次调查，主要询问他们两个问题：在给你打电话的销售人员中，你最欣赏他们身上的哪一点？最不欣赏的又是哪方面？

年复一年，答案始终未变。专业买家们的答案——他们喜欢的销售人员会提问、会认真倾听他们的回答，还能够帮助采购者做出正确的购买决策。而问及大家最不欣赏的销售人员特质时，每一年的答案也都基本相同，最典型的回答是："最糟糕的销售员是那种一走进来就不停地讲讲讲，始终在说他自己的产品和服务，从来不问我的意见。即使我尝试告诉他我的需求，他也听不进去。"

**倾听目标客户的声音**

倾听可以化解怀疑和各种不信任，减少个人或团体对你的担忧和顾虑。喋喋不休地吹嘘和兜售自己的产品或服务是毫无智慧的表现，而选择最适合的功能及卖点，由此出发设计问题，吸引目标客户考虑你的产品和你给出的解决方案，这些才需要真正的智慧。

**设计提问**

与其告诉对方"这台复印机每分钟可以复印 32 页"，不如向对方提问

“你知道那台复印机平均复印速度是多少吗？答案一定让你吃惊，它的速度只有每分钟 18 页。但是这一台就不一样了，因为采用了我们研发的新一代技术，这一台的速度可以达到每分钟 32 页。”你在问题之后跟进提供信息，显然这样做比单纯陈述介绍的效果更加显著。

每次演讲，无论面对的听众人数多少，我都会不断地提出问题，再等待他们的回答。很多情况下，听众并没有答案，但至少提问带来的安静和紧张气氛可以加强听众的注意力，让他们认真听进每一个字。这样，听众才能进入你的演讲主题。接下来，我会像讲述一件令人惊奇的事件那样向听众们公布答案。大家都喜欢这种“提问 – 回答”的说话和讲解方式。

### 关注相互关系

哈佛商学院的西奥多·莱维特曾经说过：“21 世纪的所有销售都将是关系型销售。”这意味着你与客户和听众建立的关系，其好坏将决定你能否影响和说服对方的关键因素。

这是因为情绪误导价值。一个人越是喜欢你、信任你，也就越看好你的产品和服务。当对方喜欢你时，他会不自觉地认为你所销售的产品也是高品质的、物有所值的。与其他产品相比，他对你的产品的一些问题和小瑕疵也会更加宽容。

## 准确判定客户需求

销售的前两个步骤——确定谁才是真正的目标客户和建立和谐、信任的关系，能让你打起精神来，开始一场真正的销售员与客户之间的对话。但是只有你和客户都认同这一点，即客户确实迫切需求你的产品和服务时，客户才可能对你的产品、服务或是想法表示兴趣。

永远不要假设，即使很多客户都有同样的需求，也不要假设某位特定客户与你见过的其他人的需求完全一致。

### “销售诊断医生”方式

在销售工作中，你要把自己当成一名“销售诊断医生”。无论你去哪个科室看病，医生每次都会给你做三个步骤的程序式诊断。

医生会先对你进行一次彻底的体检。他或她会做好几项检查；测你的血压、脉搏和体温；问你一系列问题，询问你当时及之前的症状。

只有当医生完成了这些检查之后，他或她才会进入到下一个环节，即开出一份初步诊断报告。优秀的医生会与你讨论检查结果，并向你了解这些结果是否与你的症状相符。

当你认可了这份诊断报告，医生会进入第三个环节，即治疗和开药。如果医生不经过彻底检查和初步诊断，就约你再来检查，并很快开出药方或是治疗方案，那将被视为“失当医疗”。

### 首先判定需求

当你在遇到目标客户或是面对听众演说时，有一些信号让你在不做“检查”的情况下，就能自动意识到对方的需求正是你销售的产品所能满足的。但此时，你正在犯“失当销售”的错误。

对目标客户来说，确实存在某个他希望消除的痛点、想要解决的难题、盼望满足的需求，或是渴望达成的愿望。只有当他承认和认可这一点时，你才可以把自己的产品或服务作为最理想的选择向这位客户进行展示和介绍。

如果你在尚未判定客户需求时就开始介绍自己的产品和服务，实际上是在消除客户对你可能存在的兴趣。客户很可能由此失去兴趣，不愿意继续听你讲下去，并由此关闭你的销售大门。

## 演示讲解

销售的第四步，就是讲解并演示你的产品和服务，以一种具有说服力的方式告诉客户你的产品和服务是他目之所及最理想的选择。你的产品或服务不一定要完美，只要能够在当时当地帮助客户解决问题、达成目标即可。

好的产品演示应该能着重强调你在判定需求过程中发现的重要信息，并逐步向目标客户展示你的产品将如何解决他的难题，顺利达成他的目标。演示和讲解并不只是要说服客户，更是要告诉客户你的产品或服务是解决此类问题、消除客户痛点的最理想选择。

在你演示和讲解的过程中，当你演示产品的每项功能、解决方案的优势之处时，要随时询问客户这些功能和优势是否确实对他有意义。好的销售人员会在演示讲解的每个阶段都询问客户的意见和反馈，只有蹩脚的销售员才会一味追求快点讲完所有内容，只想着介绍那些功能和特点，直到最后才对客户问上一句："那么，你觉得怎么样？"

如果你没有留给客户足够的时间，让他对你讲的信息进行处理，他一定无法做出选择，只能对你说："好吧，看起来还不错，让我再仔细想一想。"显然，他并没有十足的信任。"让我再仔细想一想"或是"我还要想一想"，只是一种客户式的礼貌表达，意思不过是说"再见，永不"。

人们并不会"仔细想一想"。这只是一种礼貌拒绝的方式，"你讲的这些对我来说速度太快，我看不出为什么现在要买你的产品或服务。但是不管怎样，很感谢你能来做这个介绍"。

## 回应质疑和反对

专业销售的第五步就是回应客户的疑问、顾虑和不同意见。没有疑问就不会有销售。因为客户在过去积累的广泛体验，他会向你提出一系列问题，关于价格、周期、条款、质量、竞品、适用性、效用……

在我的经验里，高收入销售员都能够全面考虑到客户可能问到的所有合乎逻辑的质疑和反对意见，并能够针对每点质疑都梳理出一套清晰而令人心悦诚服的回答话术。当客户提出疑问时,销售员首先应该对客户表示肯定,赞扬客户的周密思虑和严谨态度,然后才向客户展示和讲解,告诉他这一疑虑原来可以轻易化解,不会成为影响后续的理由。

糟糕的销售员只会让问题更加激化。他们一听到反对的声音,往往会变得紧张、气愤或是拿不定主意该如何回应。这样,结果只能是一次又一次失去订单。

## 订单成交

销售的第六步就是订单成交。客户决定当时就购买你的产品,就算是顺利成单、订单成交。

在高尔夫比赛里,人们把这叫作“开球作秀,推杆挣钱”。在销售工作中,你在此前所做的每件事都相当于“开球作秀”,而最终的成功很大程度上取决于你帮助客户消除各种疑虑和犹豫、最终决心购买的能力。

### 邀请式成交法

成交订单最简单的方式莫过于直接向客户发出邀请,例如,“还有什么问题和顾虑是我刚才没有讲到的吗?”这时候,如果你的目标客户回答“没有了”,那么你就可以采用邀请式成交法,引导客户做出购买决策。你可以说“那么好吧,干嘛不试一试它呢”。如果你销售的是某种服务,你可以说“那么,为什么不让我们试一试呢”。如果你销售的是某种硬件产品——汽车、家具,或是房地产,你可以先问“现在你觉得它怎么样”;当客户回答“看起来不错”,你就可以说“那么你还犹豫什么?还不赶快出手”,或者可以说,“为什么不买下它呢”。

邀请式成交法是所有销售成单方式中最简单的一种。如果目标客户已经被说服,相信你销售的产品可以带给他或她希望的功能和优势,这种方法就会非常有效。

### 引导式成交法

另一种十分有效的成交技巧是引导式成交法。采用这种方法时，你还是要问客户同样的问题："还有什么问题和顾虑是我刚才没有讲到的吗？"

但是，当对方回答"没有了"的时候，你要假设他的回答是"有"，顺着继续往下说，"那么，接下来就是……""接下来……"就是向他介绍如何购买你的产品或服务。例如，你可以这样说，"那么，接下来我需要你在这两份表格上签字，还要签一张 2 295 美元的支票给我。我要把他们带回办公室去完成订单。等我为你开好账户之后，会在下周三的下午把账户信息发送给你。你觉得这样可以吗"。

引导式销售法的好处就在于你能够占有主动权，并且能够控制整个谈话过程。整个销售过程和交易都是由你来完成。

### 掌握成交的艺术

其实，很多人做销售都只是走了整个流程中最前面的五步，等到该客户做出购买决策时，往往行动不利，甚至不知所措，就像是一只被汽车大灯照到、僵在路中间的野鹿。他们会不自觉地心跳加快，紧张、颤抖，害怕因为询问客户是否会购买自己的产品或服务而遭到拒绝。

但是，你不该是这样。你的任务就是要学会顺利成单，还要不断去争取新的订单成交，直到你能从容、高效、冷静地面对每一次销售，让客户做出最终的购买决定。

### 要求购买

多年以前，当我还在扫楼销售餐厅打折卡的时候，我就已经能够激情澎湃地为客户做讲解和演示了。但是，每当到了该请求客户购买的时候，我还是会彻底僵住，之后直接说出："好吧，那么现在你怎么打算？"

几乎每一位顾客都会说同样的话,“嗯,看起来还不错。让我再想一想吧。过几天电话联系。”几周之后，我有了足够多的目标客户，几乎全城的人都在“考虑”我的产品，但是始终没有人给我打进电话来。那时那刻，我再一次体会到“让我再想一想”或是“过几天电话联系”这样的说法都只是客户的借口，其实他们真正的意思是告诉你可以走了。

终于有一天，我顿悟了。我想明白了一点，其实问题并不是出在我的产品或是客户身上。真正的问题还在于我自己。我害怕向客户提出要求，害怕说出请他购买这样的话，正是这一点导致我一直无法顺利成单。从那一天起我就下定决心，以后再不要被目标客户晾到一边。

第二天一早,我径直去拜访一位客户,并向他做了详细的介绍。他点点头,微笑着说:“好吧,看起来不错。我会认真考虑的。你过几天再给我打电话吧。”

我鼓起勇气对他说:“我不会再打电话过来。”他犀利地看了我一眼，问:“你说什么?”我把刚才的话又重复了一遍，“我不会再打电话过来。你已经了解了所有该了解的东西,完全可以现在就做决定。为什么还要等上几天?”

他接下来说的话彻底改变了我的销售生涯。“那好吧，如果你不能再打电话过来，那我就现在买吧。”于是他填好了订购表格，并向我付了款。我走出他的办公室，心里高兴坏了。

紧接着,我又去拜访了另一位客户,介绍我的产品。当他说“看起来不错,再给我打电话吧”的时候，我对他说了跟之前同样的话:“很抱歉，我不会再打电话过来。你已经了解了所有该了解的东西，完全可以现在就做决定。为什么还要等上几天?”

同样的，第二位客户也签了我的订单。之后还有第三位、第四位，许多客户都购买了我的产品。从那一刻开始，我向每一个交谈过的客户出售我的产品，一天之内成交的订单比之前一周的订单还多。这一转变正是因为我开始向客户提出要求，要求他做出购买决定。

### 拒绝不是针对你个人

通过回顾和反省，我意识到问题根本还在于我自身的畏惧心理和解决问题的能力不足。在销售中，很多时候你害怕被人拒绝，这种畏惧心理带给人的重压甚至足以将你引向失败，即使是非常有希望成交的客户，也可能会受其影响。

克服畏惧心理的关键，首先就是要认识到：拒绝并不只是针对你个人。如果人们对你售卖的产品表示不满，这与你个人无关，在很大程度上他与你销售的产品无关，与你的目标客户也没有关系。真正的原因来自这个商业社会。在这个商业社会里，你总是不得不回绝一些邀约和请求，因为如果不加筛选、照单全收，你将会被淹没在各种购买决定之中。拒绝并不是针对你个人。

## 二次销售和推荐购买

销售过程的第七步是争取二次销售和已有客户的推荐购买。要达成这一目的，必须要对首次购买的客户悉心关照，尤其是在客户刚刚做完购买决策时。

### 防止客户买后反悔

客户刚刚做出购买决定之时，也是她最容易反悔，想要改变决定的时刻。为此，你也要事先有所准备。

最好的销售员和客户都会认真思考自己在做出销售和购买行为之后该如何处理客户关系。那可绝对不仅仅是客户对购买的产品是否满意，还取决于售后服务、送货服务和安装调试等每一个环节。

### 最轻松又赚钱的销售

如果客户对产品或服务感到满意，那么向他进行二次销售会比向从未买过这件产品或服务的顾客开展全新的销售行为容易十倍。这就意味着相比寻找新客户、从零开始做起，要完成一个老客户的订单，你只需要十分之一的时间、资金、花费以及其他付出。因为你与后者之间已经建立了高度的信任。

一个经由满意度较高的客户介绍而来的顾客，对其销售的难度只是陌生拜访客户的十五分之一。这意味着相较于引荐你们认识的那位老客户，与这位被推荐的客户成交，只需要付出十五分之一的时间、资金和努力。因为当你向这样推荐来的客户致电时，你实际上是自带了之前的老客户对你的信任光环。被推荐客户已经对你具有基本信任，并相信你所销售产品的质量。你所要做的只是清楚明了地解决客户的特殊需求和问题，向客户说明你的产品或服务能够满足他的需求、解决他的问题，并请他向你订购。

## 向团体客户演示和销售

今天的很多产品和服务都很复杂。相比打一个电话对方就能决定是否购买你的产品或服务，销售复杂的产品，你往往要向不同的人演示和介绍你的产品或服务。

当你要向一个团队进行演示的时候，无论你是一个人出现还是与公司的其他同事一起，有几个必要的步骤是必须要注意的。

### 了解购买决定是怎样做出的

先确定客户公司的内部决策机制。他们是如何做出购买决定的？以前的购买决策是怎样的？在你的行业相关领域内，有关你的产品或服务的购买决定，他们会主要考虑哪些因素？

每个人都有自己的购买策略，每家公司也都会有一套购买策略。有些公司会先与很多供应商见面，也有些公司喜欢与一个供应商、销售员建立高度的信任与协作关系。更为常见的公司内部决策机制是，公司的几个人与销售人员见面，认为他或她可以满足公司的需求。无论以上哪种情况，你的任务就是与你最初的联系人沟通，了解该公司内部是如何做出此类决策的。

## 寻找关键决策人物

在向目标客户的团队进行讲解演示之前，首先要清楚对方参会人员都有哪些，收集他们的姓名、职务，并了解他们各自都关心些什么。最好还能够拿到他们每个人的电话，直接询问他们最关心哪些方面，希望会议能达成怎样的效果。

记住，准备充分是专业度的体现。你最重要的准备工作就是要找出你目标客户的需求结构。在做出购买决定以及协助决策的过程中，客户最看重哪些方面。

## 谁才是最终决策者

每一个要采购的团队中都有一个关键人物，由他做出最终的购买决定，而其他人只负责提出建议。你的任务就是要找出这位最终决策者——能够做出购买还是放弃决定的人。有时候这个人会安静地坐在那里，任由其他人提问。但是你必须知道谁才是最终的决策者，对他或她的想法做出回应。

## 找出关键利益点

每一个购买决策中都有一个关键利益点或是“热键”。要形成购买决定，客户必须被你说服接受这一利益点。

你应该在会见客户的采购团队之前先询问对方公司的员工：“在决定购

买我的产品或服务之前，有哪一点是我一定要说服贵公司或争取贵公司认可的？”

### 找出反对者

成功的销售还要找出自己面临的障碍——订单成交的主要阻力。哪些因素可能阻止客户做出购买决策？或是哪些因素可能让客户暂停购买行为？

这个问题的答案还是基于客户当下的需求和过往的经验。如果你在这家公司里有朋友，可以打听一下“主要有哪些阻碍因素可能导致销售决策的延迟和耽搁”。

如果想要顺利成交，就要设法得到确定的答案。你必须确切了解客户最想要、最需要的是什么，同时也要知道可能导致他或她犹豫不决、延迟决定的原因和阻力。然后，你就要向客户展示并说明与你合作就可以消除他们在这方面的顾虑，并不断强调你的产品或服务能够带给客户的关键利益点。

## 专业销售人员的表达

当你向听众做演示说明时，特别是要说服对方购买你推荐的产品或服务时，应该认真考虑如何运用销售的这七个步骤。这将有助于你说服客户，让你的演示和介绍更加清晰和有效。

务必明确你推荐的产品或服务能够帮助客户消除哪些痛点、解决哪些问题、满足哪些需求、达成哪些目标。

### 构建和谐互信的客户关系

在最初与客户交谈和接触时，可以多花一些时间，让彼此之间建立起和谐互信的关系。你的客户也是你的听众。向他们提几个问题，再耐心等待对方回答。面对客户应该热情、友好、亲切，与听众相处显然要表现出愉快的心情。这样做，不但能够建立起和谐互信的关系，也有助于把客户带入情景，认真听取你接下来要讲的信息。

帮助听众清楚掌握他们所需的内容。记住这一点，很多目标客户最初并没有意识到自己需要某些产品或服务。只有当你提出问题，并向对方进行展示和说明的时候，他们才开始意识到你提供的产品或服务正是他们所想所需的。

## 清晰说明你的想法

向客户介绍你的产品或服务，告诉你的听众这是他们最理想的选择。你可以建议对方，有两到三种不同的方式都可以满足客户的需求、解决他们的问题，然后再向他们展示你销售的产品或服务是其中的最佳选择。至此，所有必要因素都已经考虑周到。

## 解答客户顾虑

你可以自己主动提出反对和质疑的意见，例如你可以说，“在这里，人们经常会问……”提出疑问，然后你可以这样说，“这个问题很容易回答。我们之所以能够消除客户的这一顾虑，是因为……”

## 发出行动号召

在你讲话的最后，要向听众发出号召，告诉大家应该采取怎样的行动。草草结束演讲，让大家各自散场是绝对不可取的。你一定要用有力的语言，号召人们有所行动。此时你给出的信息一定要能够清晰地表明你希望人们怎样去做，告诉大家按照你的建议去做情况会有怎样的改观。这就相当于二次销售和推荐购买。

人们在最后的总结分析时改变主意，原因只有一个，就是他们相信选择购买和使用后，一定会比之前的情况有所改进或好转。所以你的结束语应该特别强调这一点，让听众了解接受你的建议他们将获得怎样的收益。

**演讲小秘籍**

从某种意义上讲，每一次对话都是一次销售演讲。就像公众演说一样，每一次销售演讲都是一种说服他人的尝试，目的就是要说服人们有所行动。当你熟练掌握了销售演讲的技巧，在通往顶尖销售人员的道路上，你将会越走越顺。

Speak to Win

# 译者后记

感谢中国人民大学出版社，让我有机会再次出力，将国外演讲大师的优秀经验和实用技巧介绍给国内的读者们。按照最初的计划，本书的翻译工作应该可以很快完成，但是因为工作安排上的一些原因，此书的翻译稿未能按原计划提交，拖延了几个月的时间。为此，出版社的编辑也是花了不少心力。但是，在延迟的这段时间里，来自工作和日常生活中的许多经历倒让我对演讲与口才在当今社会生活和个人发展中的重要意义有了更多的思考和感悟，对作者在原书中提及的许多经验和方法有机会在实践中加以检验并有所体会。如此，也让拖延的时间不至于太过浪费。

现代社会分工细致，很多工作都需要团队合作完成，借助语言准确表达自己的意图，与人沟通、获取认同、形成共识，这对于团队协作取得成功尤为重要。之前的应试教育模式对这方面重视不够，以致很多人在成年后自觉口才不好，有些人甚至因此事业受阻或是在家庭生活中遇到各种麻烦。即便是译者本人，也会有不愿开口、有意避开说话的时候。还好我从一入社会就误打误撞进入了传播这一领域，这使我能够比一般读者获得更多锻炼和提升演讲表达能力的机会。

越来越多的人已经意识了到这一点。在此书翻译期间，有些电视媒体播出的语言竞技真人秀节目也在众多选秀节目中脱颖而出，除去参与者们充满正能量的演说鼓舞人心，以区别于其他选秀形式的演讲作为整个节目的核心创意，也是这类节目大获成功的关键要素，反映了当今社会特别是青年群体期望提升自身演讲与口才能力的需求。

《博恩·崔西口才圣经》一书的作者博恩·崔西先生不仅是一位杰出的演说家、著名的成功学专家，而且他本人也有丰富的推销经验。正因为这些经历，本书与读者分享的经验和技巧也并不局限于公众演讲这一唯一用途。作为一名公共关系和传播业工作者，在开展专业领域研究并提供咨询服务的同时，我偶尔也会为来自政府部门和企业单位的朋友们讲授传播与沟通的课程。在翻译此书的过程中，我也曾与中国援外医疗队的专业医生队员们分享在不同文化环境中顺畅沟通的要领，向国内领先电商平台的高层管理者们介绍紧急情况下公众沟通的技巧，并参与筹备了多场新闻发布会和重要的媒体采访。虽然这些是不同类型的传播行为，但如能对本书中有关公众演讲的方法消化吸收得当，其中许多都可活学活用。

作为译者，我在精读、翻译、校对以及查阅资料的过程中对本书内容有了更为细致的理解，也希望读者朋友们在快速吸收本书精华的同时，还能结合个人口才提升的具体需求，有意识地加以练习，体会其效果，探索最适合自己的演讲风格。

最后，在翻译完本书最后部分之时，由衷感恩自己在中国传媒大学媒介与公共事务研究院工作的这段经历。以前奋战在公关传播实践一线的日子就如参加灭火队的战斗一般，难得喘上一口气。回归大学的这段日子里，校园围墙内的学习气氛之浓，让我可以彻底静下心来读经典、温经验、拓思路、求新知。年初由于被借调参与一些重大项目的筹备工作，不得已将此书的翻译暂时搁置，现在终于完成，也期待着早日获得读者朋友的批评指正。

鲁心茵

北京阅想时代文化发展有限责任公司为中国人民大学出版社有限公司下属的商业新知事业部，致力于经管类优秀出版物（外版书为主）的策划及出版，主要涉及经济管理、金融、投资理财、心理学、成功励志、生活等出版领域，下设“阅想·商业”“阅想·财富”“阅想·新知”“阅想·心理”“阅想·生活”以及“阅想·人文”等多条产品线。致力于为国内商业人士提供涵盖先进、前沿的管理理念和思想的专业类图书和趋势类图书，同时也为满足商业人士的内心诉求，打造一系列提倡心理和生活健康的心理学图书和生活管理类图书。

## 《提问的艺术：为什么你该这样问》

- 一本教你如何通过富有技巧性的提问来提高沟通效率并提升自身影响力的书，被誉为“风靡全美、影响无数人的神奇提问书”。
- 用具体的问题、真实的案例，为读者打造了一个提升提问技巧的实用宝典。

## 《精简：言简意赅的表达艺术》

- 我们患有注意力缺失症，迫切需要精简的表达和沟通方式，如果你想得到更多，就要说得更少。
- 企业管理者、营销人员、企业家以及所有想要成为一名精益沟通者的个人必读之作。
- 精简就是帮自己和他人节省时间和资源，并将省下来的时间和资源花费在美好的事情上。

## 《优雅的辩论：关于15个社会热点问题的激辩》

- 辩论的真谛不在于辨明是非曲直，而在于缓和言论，避免曲解。
- 辩论的最高境界不在于输赢高低，而在于发人深省，以开放的心态达成妥协。

## 《顿悟：捕捉灵感的艺术》

- 顿悟的能力与生俱来，贯穿生命始终。它是灵感闪现，让人愁云散去，问题也会迎刃而解。
- 灵感闪现的频率可以通过努力得到提高。《顿悟》为我们提供了一张简单易行的路线图。

## 《我的人生样样稀松照样赢：呆伯特的逆袭人生》

- 互联网上最有趣、最具影响力的人物，20世纪最杰出的商业思想家和观察家，影响世界的《呆伯特》漫画作者、《纽约时报》畅销书作者。
- 以其独特的诙谐手法讲述了一个男人一路跌跌撞撞从无数尴尬的失败迈向成功的逆袭。

## 《白板式销售：视觉时代的颠覆性演示》

**（“商业与可视化”系列）**

- 解放你的销售团队，让他们不再依赖那些让人昏昏欲睡的PPT。
- 将信息和销售方式转换成强大的视觉图像，吸引客户参与销售全程。
- 提升职业形象，华丽转身，成为客户信赖的资深顾问和意见领袖。

## 《99%的销售指标都用错了：破解销售管理的密码》

- 国际公认的销售管理培训大师呕心之作。
- 彻底颠覆销售管理的传统观念，帮助企业走出销售管理的误区，让销售重归正途。

## 《幸福资本论：为什么梵高受穷，毕加索却很富有》

- 这不是一本教你如何成为有钱人的书。
- 你对金钱的看法、态度决定了你的幸福指数。这是一本帮你揭穿金钱的真相，学会创造价值换区财富，提升幸福指数的书。

Speak to Win: How to Present with Power in Any Situation by Brian Tracy.
ISBN: 978-0-8144-0157-6

图书在版编目（CIP）数据

博恩·崔西口才圣经：如何在任何场合说服任何人：白金珍藏版 /（美）博恩·崔西（Brian Tracy）著；鲁心茵译．—北京：中国人民大学出版社，2017.10

书名原文：Speak to Win: How to Present with Power in Any Situation

ISBN 978-7-300-24919-3

Ⅰ.①博…　Ⅱ.①博…　②鲁…　Ⅲ.①语言艺术-通俗读物　Ⅳ.①H019-49

中国版本图书馆 CIP 数据核字（2017）第211270号

**博恩·崔西口才圣经：如何在任何场合说服任何人（白金珍藏版）**

［美］博恩·崔西　著

鲁心茵　译

Boen · Cuixi Koucai Shengjing:Ruhe zai Renhe Changhe Shuofu Renhe Ren

| | | | |
|---|---|---|---|
| 出版发行 | 中国人民大学出版社 | | |
| 社　　址 | 北京中关村大街31号 | 邮政编码 | 100080 |
| 电　　话 | 010-62511242（总编室） | | 010-62511770（质管部） |
| | 010-82501766（邮购部） | | 010-62514148（门市部） |
| | 010-62515195（发行公司） | | 010-62515275（盗版举报） |
| 网　　址 | http:// www. crup. com. cn | | |
| | http:// www. ttrnet. com（人大教研网） | | |
| 经　　销 | 新华书店 | | |
| 印　　刷 | 北京联兴盛业印刷股份有限公司 | | |
| 规　　格 | 170 mm × 230 mm　16开本 | 版　　次 | 2017 年10月第1版 |
| 印　　张 | 12.25　插页2 | 印　　次 | 2017 年10月第1次印刷 |
| 字　　数 | 162 000 | 定　　价 | 59.00元 |